简介

《水滸傳》

是中國以白話文寫成的章回小說,列為中國古典四大文學名著之一,六才子書之一。其內容講述北宋山東梁山泊以宋江為首的綠林好漢,由被逼落草,發展壯大,直至受到朝廷招安,東征西討的歷程。又稱《忠義水滸全傳》、《江湖豪客傳》,一般簡稱《水滸》,全書定型於明朝。作者歷來有爭議,一般認為是施耐庵所著,而羅貫中則做了整理,金聖歎刪修為七十回本。

《目录》
～世紀前百大文學系列作品～

楔子　張天師祈禳瘟疫　洪太尉誤走妖魔

紛紛五代亂離間，一旦雲開復見天！草木百年新雨露，
車書萬里舊江山。

尋常巷陌陳羅綺，幾處樓臺奏管絃。天下太平無事日，
鶯花無限日高眠。

話說這八句詩乃是故宋神宗天子朝中一個名儒，姓邵，
諱堯夫，道號康節先生所作；為歎五代殘唐，天下干戈不
息。那時朝屬梁，暮屬晉，正謂是：

朱李石劉郭，梁唐晉漢周：
都來十五帝，播亂五十秋。

後來感得天道循環，向甲馬營中生下太祖武德皇帝來。
這朝聖人出世，紅光滿天，異香經宿不散，乃是上界霹靂
大仙下降。英雄勇猛，智量寬洪，自古帝王都不及這朝天
子，一條桿棒等身齊，打四百座軍州都姓趙！那天子掃清

6

寰宇，蕩靜中原，國號大宋，建都汴梁，九朝八帝班頭，四百年開基帝主。

因此上，邵堯夫先生讚道：「一旦雲開復見天！」正如教百姓再見天日之面一般。那時西嶽華山有個陳摶處士，是個道高有德之人，能辨風雲氣色。

一日，騎驢下山，向那華陰道中正行之間，聽得路上客人傳說：「如今東京柴世宗讓位與趙檢點登基。」那陳摶先生聽得，心中歡喜，以手加額，在驢背上大笑，顛下驢來。人問其故。那先生道：「天下從此定矣！正乃上合天心，下合地理，中合人和。」

自庚申年間受禪，開基即位，在位一十七年，天下太平，傳位與御弟太宗。太宗皇帝在位二十二年，傳位與真宗皇帝，真宗又傳位與仁宗。

這仁宗皇帝乃是上界赤腳大仙；降生之時，晝夜啼哭不止。朝廷出給黃榜，召人醫治，感動天庭，差遣太白金星下界，化作一老叟前來揭了黃榜，自言能止太子啼哭。

看榜官員引至殿下朝見真宗。天子聖旨，教進內苑看視太子。那老叟直至宮中，抱著太子耳邊低低說了八個字，太子便不啼哭。那老叟不言姓名，只見化陣清風而去。

耳邊道八個甚字？道是：「文有文曲，武有武曲。」端的是玉帝差遣紫微宮中兩座星辰下來輔佐這朝天子！文曲星乃是南衙開封府主龍圖閣大學士包拯。武曲星乃是征西夏國大元帥狄青。這兩個賢臣出來輔佐這朝皇帝，在位四十二年，改了九個年號。

自天聖元年癸亥登基，至天聖九年，那時天下太平，五穀豐登，萬民樂業，路不拾遺，戶不夜閉，這九年謂之一登；自明道元年，至皇祐三年，這九年亦是豐富，謂之二登；自皇祐四年，至嘉祐二年，這九年田禾大熟，謂之三登。一連三九二十七年，號為「三登之世。」那時百姓受了些快樂，誰道樂極悲生：嘉祐三年春間，天下瘟疫盛行。自江南直至兩京，無一處人民不染此證。天下各州各府雪片也似申奏將來。

且說東京城裏城外軍民死亡大半。開封府主包待制親

將惠民和濟局方，自出俸資合藥，救治萬民。那裏醫治得，瘟疫越盛。文武百官商議，都向待漏院中聚會，伺候早朝，奏聞天子。

是日，嘉祐三年三月三日，五更三點，天子駕坐紫宸殿，受百官朝賀已畢，當有殿頭官喝道：「有事出班早奏，無事捲簾退朝。」只見班部叢中，宰相趙哲、參政文彥博，出班奏曰：「目今京師瘟疫盛行，傷損軍民甚多。伏望陛下，釋罪寬恩，省刑薄稅，祈禳天災，救濟萬民。」

天子聽奏，急敕翰林院隨即草詔，一面降赦天下罪囚，應有民間稅賦悉皆赦免；一面命在京宮觀寺院修設好事禳災。不料其年瘟疫轉盛。仁宗天子聞知，龍體不安，復會百官計議。向那班部中，有一大臣，越班啟奏。天子看時，乃是參知政事范仲淹。拜罷起居，奏曰：「目今天災盛行，軍民塗炭，日夕不能聊生。以臣愚意：要禳此災，可宣嗣漢天師星夜臨朝，就京禁院，修設三千六百分羅天大醮，奏聞上帝，可以禳保民間瘟疫。」

仁宗天子准奏。急令翰林學士草詔一道，天子御筆親

書，並降御香一炷，欽差內外提點殿前太尉洪信為天使，前往江西信州龍虎山，宣請嗣漢天師張真人星夜來朝祈禳瘟疫。就金殿上焚起御香，親將丹詔付與洪太尉，即便登程前去。

洪信領了聖敕，辭別天子，背了詔書，盛了御香，帶了數十人，上了鋪馬，一行部從，離了東京，取路逕投信州貴溪縣來。不止一日，來到江西信州。大小官員出郭迎接。隨即差人報知龍虎山上清宮住持道眾，準備接詔。

次日，眾位官同送太尉到於龍虎山下。只見上清宮許多道眾，鳴鐘擊鼓，香花燈燭，幢幡寶蓋，一派仙樂，都下山來迎接丹詔，直至上清宮前下馬。當下上至住持真人，下及道童侍從，前迎後引，接至三清殿上，請將詔書居中供養著。

洪太尉便問監宮真人道：「天師今在何處？」住持真人向前稟道：「好教太尉得知：這代祖師號曰『虛靖天師』，性好清高，倦於迎送；自向龍虎山頂結一茅菴，修真養性；因此不住本宮。」

太尉道：「目今天子宣詔，如何得見？」

真人答道：「容稟：詔敕權供在殿上，貧道等亦不敢開讀。且請太尉到方丈獻茶，再煩計議。」

當時將丹詔供養在三清殿上，與眾官都到方丈。太尉居中坐下，執事人等獻茶，就進齋供，水陸俱備。齋罷，太尉再問真人道：「既然天師在山頂菴中，何不著人請將下來相見，開宣丹詔？」

真人稟道：「這代祖師雖在山頂，其實道行非常：能駕霧興雲，蹤跡不定。貧道等時常亦難得見，怎生教人請得下來？」

太尉道：「似此如何得見？目今京師瘟疫盛行，今上天子特遣下官齎捧御書丹詔，親奉龍香，來請天師，要做三千六百分羅天大醮以禳天災，救濟萬民。似此怎生奈何？」

　　真人稟道：「天子要救萬民，只除是太尉辦一點志誠心，齋戒沐浴，更換布衣，休帶從人，自背詔書，焚燒御香，步行上山，禮拜叩請，天師方許得見。如若心不志誠，空走一遭，亦難得見。」

　　太尉聽說，便道：「俺從京師食素到此，如何心不志誠？……既然恁地，依著你說，明日絕早上山。」當晚各自權歇。

　　次日五更時分，眾道士起來備下香湯，請太尉起來沐浴。換了一身新鮮布衣；腳下穿上草履；喫了素齋；取過丹詔，用黃羅包袱背在脊梁上；手裏提著銀手爐，降降地燒著御香。許多道眾人等送到後山，指與路徑。

　　真人又稟道：「太尉要救萬民，休生退悔之心，只顧志誠上去。」

　　太尉別了眾人，口誦天尊寶號，縱步上山來。獨自一個，行了一回，盤坡轉徑，攬葛攀藤。約莫走過了數個山頭，三二里多路，看看腳酸腿軟，正走不動，口裏不說，

肚裏躊躇；心中想道：「我是朝廷貴官，在京師時，重裀而臥，列鼎而食，尚兀自倦怠，何曾穿草鞋，走這般山路！知他天師在那裏！卻教下官受這般苦！」又行不到三五十步，掇著肩氣喘，只見山凹裏起一陣風。風過處，向那松樹背後，奔雷也似吼一聲，撲地跳出一個吊睛白額錦毛大蟲來。

洪太尉喫了一驚，叫聲：「阿呀！」撲地望後便倒。那大蟲望著洪太尉，左盤右旋，咆哮了一回，托地望後山坡下跳了去。洪太尉倒在樹根底下，諕的三十六個牙齒，捉對兒廝打，那心頭一似十五個吊桶，七上八落的響，渾身卻如中風麻木，兩腿一似鬥敗公雞；口裏連聲叫苦。

大蟲去了一盞茶時，方纔爬將起來，再收拾地上香爐，還把龍香燒著，再上山來，務要尋見天師。又行過三五十步，口裏嘆了數口氣，怨道：「皇帝御限，差俺來這裏，教我受這場驚恐！」說猶未了，只覺得那裏又一陣風。吹得毒氣直沖將來。太尉定睛看時，山邊竹藤裏，簌簌地響，搶出一條吊桶大小、雪花也似蛇來。

太尉見了，又喫一驚，撇了手爐，叫一聲：「我今番死也！」往後便倒在盤陀石邊。但見那條大蛇，逕搶到盤陀石邊，朝著洪太尉盤做一堆，兩隻眼迸出金光，張開巨口，吐出舌頭，噴那毒氣在洪太尉臉上。驚得太尉三魂蕩蕩，七魄悠悠。那蛇看了洪太尉一回，望山下一溜，卻早不見了。

太尉方纔爬得起來，說道：「慚愧！驚殺下官！」看身上時，寒粟子比餛飩兒大小。口裏罵那道士：「叵耐無禮，戲弄下官！教俺受這般驚恐！若山上尋不見天師，下去和他別有話說。」再拿了銀提爐，整頓身上詔敕並衣服，巾幘，卻待再要上山去。

正欲移步，只聽得松樹背後，隱隱地笛聲吹響，漸漸近來。太尉定睛看時，但見一個道童，倒騎著一頭黃牛，橫吹著一管鐵笛，笑吟吟地正過山來。

洪太尉見了，便喚那個道童：「你從那裏來？認得我麼？」道童不睬，只顧吹笛。太尉連問數聲。道童呵呵大笑，拿著鐵笛，指著洪太尉，說道：「你來此間，莫非要

14

見天師麼？」

太尉大驚，便道：「你是牧童，如何得知？」

道童笑道：「我早間在草菴中伏侍天師，聽得天師說道：『今天子差個洪太尉齎擎丹詔御香到來山中，宣我往東京做三千六百分羅天大醮，祈禳天下瘟疫。我如今乘鶴駕雲去也。』這早晚想是去了，不在菴中。你休上去，山內毒蟲猛獸極多，恐傷害了你性命。」

太尉再問道：「你不要說謊？」道童笑了一聲，也不回應，又吹著鐵笛，轉過山坡去了。

太尉尋思道：「這小的如何盡知此事？想是天師分付他？一定是了。」欲待再上山去；「方纔驚諕的苦，爭些兒送了性命，不如下山去罷。」

太尉拿著提爐，再尋舊路，奔下山來。眾道士接著，請至方丈坐下。真人便問太尉道：「曾見天師麼？」

太尉說道：「我是朝中貴官，如何教俺走得山路，喫了這般辛苦，爭些兒送了性命！為頭上至半山裏，跳出一隻吊睛白額大蟲，驚得下官魂魄都沒了；又行不過一個山嘴，竹藤裏搶出一條雪花大蛇來，盤做一堆，攔住去路！若不是俺福分大，如何得性命回京？盡是你這道眾，戲弄下官！」

真人覆道：「貧道等怎敢輕慢大臣？這是祖師試探太尉之心。本山雖有蛇虎，並不傷人。」太尉又道：「我正走不動，方欲再上山坡，只見松樹旁邊，轉出一個道童，騎著一頭黃牛，吹著管鐵笛，正過山來。我便問他：『那裏來？識得俺麼？』他道：『已都知了。』說天師分付，早晨乘鶴駕雲往東京去了，下官因此回來。」

真人道：「太尉！可惜錯過！這個牧童正是天師！」

太尉道：「他既是天師，如何這等猥瑣？」

真人答道：「這代天師非同小可，雖然年幼，其實道行非常。他是額外之人，四方顯化，極是靈驗。世人皆稱

為道通祖師。」

洪太尉道：「我直如此有眼不識真師，當面錯過！」

真人道：「太尉，且請放心。既然祖師法旨道是去了，比及太尉回京之日，這場醮事，祖師已都完了。」太尉見說，方纔放心。

真人一面教安排筵宴管待太尉，請將丹詔收藏於御書匣內，留在上清宮中；龍香就三清殿上燒了。當日方丈內大排齋供，設宴飲酌。至晚席罷，止宿到曉。

次日早膳已後，真人道眾並提點執事人等請太尉遊山。太尉大喜。許多人從跟隨著，步行出方丈，前面兩個道童引路，行至宮前宮後，看翫許多景致。三清殿上，富貴不可盡言。左廊下：九天殿，紫微殿，北極殿；右廊下：太乙殿，三官殿，驅邪殿。諸宮看遍，行到右廊後一所去處。洪太尉看時，另外一所殿宇：一遭都是搗椒紅泥牆，正面兩扇朱紅隔子；門上使著盌膊大鎖鎖著，交叉上面貼著十數道封皮，封皮上又是重重疊疊使著朱印；簷前一面硃紅

漆金字牌額，上書四個金字，寫道：「伏魔之殿。」

太尉指著門道：「此殿是甚麼去處？」

真人答道：「此乃是前代老祖天師鎖鎮魔王之殿。」

太尉又問道：「如何上面重重疊疊貼著許多封皮？」

真人答道：「此是老祖大唐洞玄國師封鎖魔王在此。但是經傳一代天師，親手便添一道封皮，使其子子孫孫不得妄開。走了魔君，非常利害。今經八九代祖師，誓不敢開。鎖用銅汁灌鑄，誰知裏面的事？小道自來住持本宮，三十餘年，也只聽聞。」

洪太尉聽了，心中驚怪，想道：「我且試看魔王一看。」便對真人說道：「你且開門來，我看魔王甚麼模樣。」真人稟道：「太尉，此殿決不敢開！先祖天師叮嚀告戒：今後諸人不許擅開。」太尉笑道：「胡說！你等要妄生怪事，煽惑良民，故意安排這等去處，假稱鎖鎮魔王，顯耀你們道術。我讀一鑑之書，何曾見鎖魔之法？神鬼之

道，處隔幽冥，我不信有魔王在內。快快與我打開，我看魔王如何。」

真人三回五次稟說：「此殿開不得，恐惹利害，有傷於人。」太尉大怒，指著道眾說道：「你等不開與我看，回到朝廷，先奏你們眾道士阻當宣詔，違別聖旨，不令我見天師的罪犯；後奏你等私設此殿，假稱鎖鎮魔王，煽惑軍民百姓。把你都追了度牒，刺配遠惡軍州受苦。」

真人等懼怕太尉權勢，只得喚幾個火工道人來，先把封皮揭了，將鐵鎚打開大鎖。眾人把門推開，一齊都到殿內，黑洞洞不見一物。太尉教從人取十數個火把點著，將來打一照時，四邊並無別物，只中央一個石碣，約高五六尺，下面石龜趺坐，大半陷在泥裏。照那石碣上時，前面都是龍章鳳篆，天書符籙，人皆不識；照那碑後時，卻有四個真字大書，鑿著「遇洪而開。」

洪太尉看了這四個字，大喜，便對真人說道：「你等阻當我，卻怎地數百年前已註定我姓字在此？『遇洪而開，』分明是教我開，看卻何妨？我想這個魔王都只在石

碣底下。汝等從人與我多喚幾個火工人等將鋤頭鐵鍬來掘開。」

真人慌忙諫道：「太尉，不可掘動，恐有利害，傷犯於人，不當穩便！」太尉大怒，喝道：「你等道眾省得甚麼！碣上分明鑿著遇我而開，你如何阻當？快與我喚人來開！」真人又三回五次稟道：「恐有不好。」太尉那裏肯聽。只得聚集眾人，先把石碣放倒，一齊併力掘那石龜，半日方纔掘得起。又掘下去，只有三四尺深，見一片大青石板，方可丈圍。洪太尉叫再掘起來。真人又苦稟道：「不可掘動。」太尉那裏肯聽。眾人只得把石板一齊扛起。看時，石板底下，卻是一個萬丈深淺地穴。只見穴內刮喇喇一聲響亮，那響非同小可。

響亮過處，只見一道黑氣，從穴裏滾將起來，掀塌了半個殿角。那道黑氣，直沖上半天裏，空中散作百十道金光，望四面八方去了。眾人喫了一驚，發聲喊，撇下鋤頭鐵鍬，盡從殿內奔將出來，推倒顛翻無數。驚得洪太尉目瞪口呆，罔知所措，面色如土。奔到廊下，只見真人向前叫苦不迭。

　　太尉問道：「走了的卻是甚麼妖魔？」真人道：「太尉不知：此殿中，當初老祖天師洞玄真人傳下法符，囑付道：『此殿內鎮鎖著三十六員天罡星，七十二座地煞星，一共是一百單八個魔君在裏面。上立石碣，鑿著龍章鳳篆姓名，鎮住在此。若還放他出世，必惱下方生靈。』如今太尉放他走了，怎生是好！」當時洪太尉聽罷，渾身冷汗，捉顫不住；急急收拾行李，引了從人下山回京。真人並道眾送官已罷，自回宮內修理殿宇，豎立石碣，不在話下。

　　再說洪太尉在途中分付從人，教把走妖魔一節休說與外人知道，恐天子知而見責。於路無話，星夜回至京師。進得汴梁城，聞人所說：「天師在東京禁院做了七晝夜好事，普施符籙，禳救災病，瘟疫盡消，軍民安泰，天師辭朝，乘鶴駕雲，自回龍虎山去了。」

　　洪太尉次日早朝，見了天子，奏說：「天師乘鶴駕雲，先到京師；臣等驛站而來，纔得到此。」仁宗准奏，賞賜洪信，復還舊職，亦不在話下。

後來仁宗天子在位共四十二年晏駕，無有太子，傳位濮安懿王允讓之子——太宗皇帝嫡孫——立帝號曰英宗。在位四年，傳位與太子神宗。神宗在位一十八年，傳位與太子哲宗。那時天下太平，四方無事。

且住！若真個太平無事，今日開書演義，又說著些甚麼？看官不要心慌，下文便有一部七十回正書，一百四十句題目，有分教：宛子城中藏猛虎，蓼兒洼內聚蛟龍。畢竟如何緣故，且聽初回分解。

第一回　王教頭私走延安府　九紋龍大鬧史家村

　　話說故宋哲宗皇帝在時，其時去仁宗天子已遠，東京開封府汴梁宣武軍便有一個浮浪破落戶子弟，姓高，排行第二，自小不成家業，只好刺鎗使棒，最是踢得好腳氣毬。京師人口順，不叫高二，卻都叫他做高毬。後來發跡，便將氣毬那字去了「毛旁」，添作「立人」，改作姓高，名俅。這人吹彈歌舞，刺鎗使棒，相撲頑耍，亦胡亂學詩書詞賦；若論仁義禮智，信行忠良，卻是不會。只在東京城裏城外幫閒。因幫了一個生鐵王員外兒子使錢，每日三瓦兩舍，風花雪月，被他父親開封府裏告了一紙文狀，府尹把高俅斷了二十脊杖，送配出界發放，東京城裏人民不許容他在家宿食。高俅無計奈何，只得來淮西臨淮州，投奔一個開賭坊的閒漢柳大郎，名喚柳世權。他平生專好惜客養閒人，招納四方干隔澇漢子。

　　高俅投托得柳大郎家，一住三年。後來哲宗天子因拜南郊，感得風調雨順，放寬恩，大赦天下，那高俅在臨淮州因得了赦宥罪犯，思量要回東京。這柳世權卻和東京城

裏金梁橋下開生藥舖的董將仕是親戚，寫了一封書札，收拾些人事盤纏，齎發高俅回東京，投奔董將仕家過活。

　　當時高俅辭了柳大郎，背上包裹，離了臨淮州，迤邐回到東京，逕來金梁橋下董生藥家下了這一封書。董將仕一見高俅，看了柳世權來書，自肚裏尋思道：「這高俅，我家如何安得著他？若是個志誠老實的人，可以容他在家出入，也教孩兒們學些好；他卻是個幫閒的破落戶，沒信行的人，亦且當初有過犯來，被斷配的人，舊性必不肯改。若留住在家中，倒惹得孩兒們不學好了。」待不收留他，又撇不過柳大郎面皮，當時只得權且歡天喜地相留在家宿歇，每日酒食管待。住了十數日，董將仕思量出一個路數，將出一套衣服，寫了一封書簡，對高俅說道：「小人家下螢火之光，照人不亮，恐後誤了足下。我轉薦足下與小蘇學士處，久後也得個出身。足下意內如何？」高俅大喜，謝了董將仕。董將仕使個人將著書簡，引領高俅逕到學士府內。門吏轉報。小蘇學士出來見了高俅，看了來書。知道高俅原是幫閒浮浪的人，心下想道：「我這裏如何安著得他？不如做個人情，薦他去駙王晉卿府裏做個親隨；人都喚他做小王都太尉，他便歡喜這樣的人。」當時回了董

將仕書札，留高俅在府裏住了一夜。次日，寫了一封書呈，使個幹人送高俅去那小王都太尉處。

這太尉乃是哲宗皇帝妹夫，神宗皇帝的駙馬。他喜愛風流人物，正用這樣的人。一見小蘇學士差人持書送這高俅來，拜見了，便喜。收留高俅在府內做個親隨。自此，高俅遭際在王都尉府中，出入如同家人一般。自古道：「日遠日疏，日親日近。」忽一日，小王都太尉慶生辰，分付府中安排筵宴；專請小舅端王。這端王乃是神宗天子第十一子，哲宗皇帝御弟，見掌東駕，排號九大王，是個聰明俊俏人物。這浮浪子弟門風幫閒之事，無一般不曉，無一般不會，更無一般不愛；即如琴棋書畫，無所不通；踢毬打彈，品竹調絲，吹彈歌舞，自不必說。

當日，王都尉府中準備筵宴，水陸俱備。請端王居中坐定，太尉對席相陪。酒進數杯，食供兩套，那端王起身淨手，偶來書院裏少歇，猛見書案上一對兒羊脂玉碾成的鎮紙獅子，極是做得好，細巧玲瓏。端王拿起獅子，不落手看了一回，道：「好！」王都尉見端王心愛，便說道：「再有一個玉龍筆架，也是這個匠人一手做的，卻不在手

頭，明日取來，一併相送。」端王大喜道：「深謝厚意；
想那筆架必是更妙。」王都尉道：「明日取出來送至宮中
便見。」端王又謝了。兩個依舊入席。飲宴至暮，盡醉方
散。端王相別回宮去了。

次日，小王都太尉取出玉龍筆架和兩個鎮紙玉獅子，
著一個小金盒子盛了，用黃羅包袱包了，寫了一封書呈，
卻使高俅送去。高俅領了王都尉鈞旨，將著兩般玉玩器，
懷中揣著書呈，逕投端王宮中來。把門官吏轉報與院公。
沒多時，院公出來問道：「你是那個府裏來的人？」高俅
施禮罷，答道：「小人是王駙馬府中特送玉玩器來進大
王。」院公道：「殿下在庭心裏和小黃門踢氣毬，你自過
去。」高俅道：「相煩引進。」院公引到庭門。高俅看時，
見端王頭戴軟紗唐巾；身穿紫繡龍袍；腰繫文武雙穗條；
把繡龍袍前襟拽扎起，揣在條兒邊；足穿一雙嵌金線飛鳳
靴；三五個小黃門相伴著蹴氣毬。高俅不敢過去衝撞，立
在從人背後伺候。也是高俅合當發跡，時運到來；那個氣
毬騰地起來，端王接個不著，向人叢裏直滾到高俅身邊。
那高俅見氣毬來，也是一時的膽量，使個「鴛鴦拐」，踢
還端王。端王見了大喜，便問道：「你是甚人？」高俅向

26

前跪下道：「小的是王都尉親隨。受東人使令，齎送兩般玉玩器來進獻大王。有書呈在此拜上。」端王聽罷，笑道：「姐夫真如此掛心！」高俅取出書呈進上。端王開盒子看了玩器，都遞與堂候官收了去。

　　那端王且不理玉玩器下落，卻先問高俅道：「你原來會踢氣毬？你喚做甚麼？」高俅叉手跪覆道：「小的叫高俅，胡亂踢得幾腳。」端王道：「好，你便下場來踢一回耍。」高俅拜道：「小的是何等樣人，敢與恩王下腳！」端王道：「這是齊雲社，名為天下圓，但踢何傷。」高俅再拜道：「怎敢。」三回五次告辭，端王定要他踢，高俅只得叩頭謝罪，解膝下場。纔踢幾腳，端王喝采，高俅只得把平生本事都使出來奉承端王，那身分、模樣，這氣毬一似鰾膠黏在身上的！端王大喜，那肯放高俅回府去，就留在宮中過了一夜；次日，排個筵會，專請王都尉宮中赴宴。

　　卻說王都尉當日晚不見高俅回來，正疑思間，只見次日門子報道：「九大王差人來傳令旨，請太尉到宮中赴宴。」王都尉出來見了幹人，看了令旨，隨即上馬，來到

九大王府前，下了馬，入宮來見了端王。端王大喜，稱謝兩般玉玩器，入席飲宴間，端王說道：「這高俅踢得兩腳好氣毬，孤欲索此人做親隨，如何？」王都尉答道：「既殿下欲用此人，就留在宮中伏侍殿下。」端王歡喜，執杯相謝。二人又閒話一回，至晚席散，王都尉自回駙馬府去，不在話下。

且說端王自從索得高俅做伴之後，留在宮中宿食。高俅自此遭際端王，每日跟隨，寸步不離。未及兩個月，哲宗皇帝晏駕，無有太子，文武百官商議，冊立端王為天子，立帝號曰徽宗，便是玉清教主微妙道君皇帝。登基之後，一向無事，忽一日，與高俅道：「朕欲要抬舉你，但要有邊功方可陞遷，先教樞密院與你入名，只是做隨駕遷轉的人。」後來沒半年之間，直抬舉高俅做到殿帥府太尉職事。

高俅得做太尉，揀選吉日良辰去殿帥府裏到任。所有一應合屬公吏、衙將、都軍、監軍馬步人等，盡來參拜，各呈手本，開報花名。高殿帥一一點過，於內只欠一名八十萬禁軍教頭王進，──半月之前，已有病狀在官，患病未痊，不曾入衙門管事。高殿帥大怒，喝道：「胡說！既

有手本呈來，卻不是那廝抗拒官府，搪塞下官？此人即是推病在家！快與我拿來！」隨即差人到王進家來捉拿王進。

　　且說這王進卻無妻子，只有一個老母，年已六旬之上。牌頭與教頭王進說道：「如今高殿帥新來上任，點你不著，軍正司稟說染病在家，見有患病狀在官。高殿帥焦躁，那裏肯信？定要拿你，只道是教頭詐病在家。教頭只得去走一遭；若還不去，定連累小人了。」王進聽罷，只得捱著病來；進得殿帥府前，參見太尉，拜了四拜，躬身唱個喏，起來立在一邊。高俅道：「你那廝便是都軍教頭王昇的兒子？」王進稟道：「小人便是。」高俅喝道：「這廝！你爺是街上使花棒賣藥的！你省得甚麼武藝？前官沒眼，參你做個教頭，如何敢小覷我，不伏俺點視！你托誰的勢要推病在家安閒快樂？」王進告道：「小人怎敢；其實患病未痊。」高太尉罵道：「賊配軍！你既害病，如何來得？」王進又告道：「太尉呼喚，不敢不來。」高殿帥大怒：喝令：「左右！拿下！加力與我打這廝！」眾多牙將都是和王進好的，只得與軍正司同告道：「今日是太尉上任好日頭，權免此人這一次。」高太尉喝道：「你這賊配軍！且看眾將之面，饒恕你今日！明日卻和你理會！」王進謝罪

罷，起來抬頭看了，認得是高俅；出得衙門，嘆口氣道：
「我的性命今番難保了！俺道是甚麼高殿帥，卻原來正是
東京幫閒的圓社高二！比先時曾學使棒，被我父親一棒打
翻，三四個月將息不起。有此之讎，他今日發跡，得做殿
帥府太尉，正待要報讎。我不想正屬他管！自古道：『不
怕官，只怕管。』俺如何與他爭得？怎生奈何是好？」回
到家中，悶悶不已，對娘說知此事。母子二人抱頭而哭。
娘道：「我兒，『三十六著，走為上著。』只恐沒處走！」
王進道：「母親說得是。兒子尋思，也是這般計較。只有
延安府老种經略相公鎮守邊庭，他手下軍官多有曾到京師
的，愛兒子使鎗棒，何不逃去投奔他們？那裏是用人去處，
足可安身立命。」當下母子二人商議定了。其母又道：
「我兒，和你要私走，只恐門前兩個牌軍，是殿帥府撥來
伏侍你的，他若得知，須走不脫。」王進道：「不妨。母
親放心，兒子自有道理措置他。」

　　當下日晚未昏。王進先叫張牌入來，分付道：「你先
喫了些晚飯，我使你一處去幹事。」張牌道：「教頭使小
人那裏去？」王進道：「我因前日患病，許下酸棗門外嶽
廟裏香願，明日早要去燒炷頭香。你可今晚先去分付廟祝，

教他來日早些開廟門，等我來燒炷頭香，就要三牲獻劉、李王。你就廟裏歇了等我。」張牌答應，先喫了晚飯，叫了安置。望廟中去了。當夜子母二人收拾了行李衣服，細軟銀兩，做一擔兒打挾了；又裝兩個料袋袱馱，拴在馬上的。等到五更，天色未明，王進叫起李牌，分付道：「你與我將這些銀兩去嶽廟裏和張牌買個三牲煮熟在那裏等候；我買些紙燭，隨後便來。」李牌將銀子望廟中去了。王進自去備了馬，牽出後槽，將料袋袱馱搭上，把索子拴縛牢了，牽在後門外，扶娘上了馬；家中粗重都棄了；鎖上前後門，挑了擔兒，跟在馬後，趁五更天色未明，乘勢出了西華門，取路望延安府來。

　　且說兩個牌軍買了福物煮熟，在廟等到巳牌，也不見來。李牌心焦，走回到家中尋時，只見鎖了門，兩頭無路。尋了半日，並無有人。看看待晚，嶽廟裏張牌疑忌，一直奔回家來，又和李牌尋了一黃昏。看看黑了，兩個見他當夜不歸，又不見了他老娘。次日，兩個牌軍又去他親戚之家訪問，亦無尋處。兩個恐怕連累，只得去殿帥府首告：「王教頭棄家在逃，子母不知去向。」高太尉見告，大怒道：「賊配軍在逃，看那廝待走那裏去！」隨即押下文書，

行開諸州各府捉拿逃軍王進。二人首告，免其罪責，不在話下。

※※※

且說王教頭母子二人自離了東京，免不了飢餐渴飲，夜住曉行。在路一月有餘，忽一日，天色將晚，王進挑著擔兒跟在娘的馬後，口裏與母親說道：「天可憐見！慚愧了我子母兩個脫了這天羅地網之厄！此去延安府不遠了，高太尉便要差拿我也拿不著了！」子母二人歡喜，在路上不覺錯過了宿頭，「走了這一晚，不遇著一處村坊，那裏去投宿是好？」正沒理會處，只見遠遠地林子裏閃出一道燈光來。王進看了，道：「好了！遮莫去那裏陪個小心，借宿一宵，明日早行。」當時轉入林子裏來看時，卻是一所大莊院，一週遭都是土牆，牆外卻有二三百株大柳樹。當時王教頭來到莊前，敲門多時，只見一個莊客出來。王進放下擔兒，與他施禮。莊客道：「來俺莊上有甚事？」王進答道：「實不相瞞，小人子母二人貪行了些路程，錯過了宿店，來到這裏，前不巴村，後不巴店，欲投貴莊借宿一宵。明日早行，依例拜納房金。萬望周全方便！」莊

客答道：「既是如此，且等一等，待我去問莊主太公。肯
時，但歇不妨。」王進又道：「大哥方便。」莊客入去多
時，出來說道：「莊主太公教你兩個入來。」王進請娘下
了馬。王進挑著擔兒，就牽了馬，隨莊客到裏面打麥場上，
歇下擔兒，把馬拴在柳樹上。子母二人，直到草堂上來見
太公。

那太公年近六旬之上，鬚髮皆白，頭戴遮塵煖帽，身
穿直縫寬衫，腰繫皂絲絛，足穿熟皮靴。王進見了便拜。
太公連忙道：「客人休拜。你們是行路的人，辛苦風霜，
且坐一坐。」王進子母二敘禮罷，都坐定。太公問道：
「你們是那裏來的？如何昏晚到此？」王進答道：「小人
姓張，原是京師人。今來消折了本錢，無可營用，要去延
安府投奔親眷。不想今日路上貪行了程途，錯過了宿店，
欲投貴莊借宿一宵，來日早行。房金依例拜納。」太公道：
「不妨。如今世上人那個頂著房屋走哩。你母子二位敢未
打火？」叫莊客安排飯來。

沒多時，就廳上放開條桌子。莊客托出一桶盤，四樣
菜蔬，一盤牛肉，鋪放桌上，先燙酒來篩下。太公道：

「村落中無甚相待，休得見怪。」王進起身謝道：「小人子母無故相擾，此恩難報。」太公道：「休這般說，且請喫酒。」一面勸了五七杯酒，搬出飯來，二人喫了，收拾碗碟，太公起身引王進母子到客房裏安歇。王進告道：「小人母親騎的頭口，相煩寄養，草料望乞應付，一併拜酬。」太公道：「這個不妨。我家也有頭口騾馬，教莊客牽出後槽，一發餵養。」王進謝了，挑那擔兒到客房裏來。莊客點上燈火，一面提湯來洗了腳。太公自回裏面去了。王進母子二人謝了莊客，掩上房門，收拾歇息。

次日，睡到天曉，不見起來。莊主太公來到客房前過，聽得王進老母在房裏聲喚。太公問道：「客官，天曉好起了？」王進聽得，慌忙出房來，見太公施禮，說道：「小人起多時了。夜來多多攪擾，甚是不當。」太公問道：「誰人如此聲喚？」王進道：「實不相瞞太公說，老母鞍馬勞倦，昨夜心疼病發。」太公道：「既然如此，客人休要煩惱，教你老母且在老夫莊上住幾日。我有個醫心疼的方，叫莊客去縣裏撮藥來與你老母親喫。教他放心慢慢地將息。」王進謝了。

　　話休絮繁。自此，王進母子二人在太公莊上。服藥，住了五七日。覺道母親病患痊了，王進收拾要行。當日因來後槽看馬，只見空地上一個後生脫膊著，刺著一身青龍，銀盤也似一個面皮，約有十八九歲，拿條棒在那裏使。王進看了半晌，不覺失口道：「這棒也使得好了，只是有破綻，贏不得真好漢。」那後生聽得大怒，喝道：「你是甚麼人，敢來笑話我的本事！俺經了七八個有名的師父，我不信倒不如你！你敢和我扠一扠麼？」說猶未了，太公到來，喝那後生：「不得無禮！」那後生道：「叵耐這廝笑話我的棒法！」太公道：「客人莫不會使鎗棒？」王進道：「頗曉得些。敢問長上，這後生是宅上何人？」太公道：「是老漢的兒子。」王進道：「既然是宅內小官人，若愛學時，小人點撥他端正，如何？」太公道：「恁地時十分好。」便教那後生：「來拜師父。」那後生那裏肯拜，心中越怒道：「阿爹，休聽這廝胡說！若喫他贏得我這條棒時，我便拜他為師！」王進道：「小官人若是不當真時，較量一棒耍子。」那後生就空地當中把一條棒使得風車兒似轉，向王進道：「你來！你來！怕的不算好漢！」王進只是笑，不肯動手。太公道：「客官，既是肯教小頑時，使一棒，何妨？」王進笑道：「恐衝撞了令郎時，須不好

看。」太公道：「這個不妨；若是打折了手腳，亦是他自作自受。」王進道：「怒無禮。」去鎗架上拿了一條棒在手裏，來到空地上使個旗鼓。那後生看了一看，拿條棒滾將入來，逕奔王進。王進托地拖了棒便走。那後生輪著棒又趕入來。王進回身把棒望空地裏劈將下來。那後生見棒劈來，用棒來隔。王進卻不打下來，對棒一掣，卻望後生懷裏直搠將來。只一繳，那後生的棒丟在一邊，撲地望後倒了。王進連忙撇了棒，向前扶住道：「休怪，休怪。」那後生爬將起來，便去傍邊掇條凳子納王進坐，便拜道：「我枉自經了許多師家，原來不直半分！師父，沒奈何，只得請教！」王進道：「我子母二人連日在此攪擾宅上，無恩可報，當以效力。」

太公大喜，教那後生穿了衣裳，一同來後堂坐下；叫莊客殺一個羊，安排了酒食果品之類，就請王進的母親一同赴席。四個人坐定，一面把盞。太公起身勸了一杯酒，說道：「師父如此高強，必是個教頭；小兒『有眼不識泰山。』」王進笑道：「『奸不廝欺，俏不廝瞞。』小人不姓張，俺是東京八十萬禁軍教頭王進的便是。這鎗棒終日搏弄。為因新任一個高太尉，原被先父打翻，今做殿帥府

太尉，懷挾舊讎，要奈何王進，小人不合屬他所管，和他
爭不得，只得子母二人逃上延安府去投托老种經略相公勾
當。不想來到這裏，得遇長上父子二位如此看待；又蒙救
了老母病患，連日管顧，甚是不當。既然令郎肯學時，小
人一力奉教。只是令郎學的都是花棒，只好看，上陣無用。
小人從新點撥他。」太公見說了，便道：「我兒，可知輸
了？快來再拜師父。」那後生又拜了王進。太公道：「教
頭在上：老漢祖居在這華陰縣界，前面便是少華山。這村
便喚做史家村，村中總有三四百家都姓史。老漢的兒子從
小不務農業，只愛刺鎗使棒；母親說他不得，一氣死了。
老漢只得隨他性子，不知使了多少錢財投師父教他；又請
高手匠人與他刺了這身花繡，肩膊胸膛，總有九條龍。滿
縣人口順，都叫他做『九紋龍』史進。教頭今日既到這裏，
一發成全了他亦好。老漢自當重重酬謝。」王進大喜道：
「太公放心！既然如此說時，小人一發教了令郎方去。」

　　自當日為始，喫了酒食，留住王教頭子母二人在莊上。
史進每日求王教頭點撥，十八般武藝，一一從頭指教。史
太公自去華陰縣中承當里正，不在話下。

不覺荏苒光陰，早過半年之上。史進十八般武藝，
——矛，鎚，弓，弩，銃，鞭，鐧，劍，鏈，撾、斧，鉞
並戈，戟，牌，棒與鎗，扒，——一一學得精熟。多得王
進盡心指教，點撥得件件都有奧妙。王進見他學得精熟了，
自思在此雖好，只是不了；一日想起來，相辭要上延安府
去。史進那裏肯放，說道：「師父只在此間過了。小弟奉
養你子母二人以終天年，多少是好。」王進道：「賢弟，
多蒙你好心，在此十分之好；只恐高太尉追捕到來，負累
了你，不當穩便；以此兩難。我一心要去延安府投著在老
种經略處勾當。那裏是鎮守邊庭，用人之際，足可安身立
命。」史進並太公苦留不住，只得安排一個席筵送行，托
出一盤——兩個段子，一百兩花銀——謝師。次日，王進
收拾了擔兒，備了馬，子母二人相辭史太公。王進請娘乘
了馬，望延安府路途進發。史進叫莊客挑了擔兒，親送十
里之程，心中難捨。史進當時拜別了師父，灑淚分手，和
莊客自回。王教頭依舊自挑了擔兒，跟著馬，子母二人自
取關西路上去了。

　　※※※

38

　　話中不說王進去投軍役。只說史進回到莊上，每日只是打熬氣力；亦且壯年，又沒老小，半夜三更起來演習武藝，白日裏只在莊射弓走馬。不到半載之間，史進父親太公染病患證，數日不起。史進使人遠近請醫士看治，不能痊可。嗚呼哀哉，太公歿了。史進一面備棺槨盛殮，請僧修設好事，追齋理七，薦拔太公；又請道士建立齋醮，超度升天，整做了十數壇好事功果道場；選了吉日良時，出喪安葬，滿村中三四百史家莊戶都來送喪掛孝，埋殯在村西山上祖墳內了。史進進家自此無人管業。史進又不肯務農，只要尋人使家生，較量鎗棒。

　　自史太公死後，又早過了三四個月日。時當六月中旬，炎天正熱。那一日，史進無可消遣，提個交床坐在打麥場柳陰樹下乘涼。對面松林透過風來，史進喝采道：「好涼風！」正乘涼哩，只見一個人探頭探腦在那裏張望。史進喝道：「作怪！誰在那裏張俺莊上？」史進跳起身來，轉過樹背後，打一看時，認得是獵戶摽兔李吉。史進喝道：「李吉，張我莊內做甚麼？莫不是來相腳頭！」李吉向前聲諾道：「大郎，小人要尋莊上矮邱乙郎喫碗酒，因見大郎在此乘涼，不敢過來衝撞。」史進道：「我且問你：往

常時你只是擔些野味來我莊上賣，我又不曾虧了你，如何一向不將來賣與我？敢是欺負我沒錢？」李吉答道：「小人怎敢；一向沒有野味，以此不敢來。」史進道：「胡說！偌大一個少華山，恁地廣闊，不信沒有個獐兒、兔兒？」李吉道：「大郎原來不知。如今山上添了一夥強人，紮下一個山寨，聚集著五七百個小嘍囉，有百十匹好馬。為頭那個大王喚作「神機軍師」朱武，第二個喚做「跳澗虎」陳達，第三個喚做「白花蛇」楊春：這三個為頭打家劫舍。華陰縣裏禁他不得，出三千貫賞錢，召人拿他。誰敢上去拿他！因此上，小人們不敢上山打捕野味，那討來賣！」史進道：「我也聽得說有強人。不想那廝們如此大弄。必然要惱人。李吉，你今後有野味時尋些來。」李苦唱個喏自去了。

史進歸到廳前，尋思「這廝們大弄，必要來薅惱村坊。既然如此……」便叫莊客揀兩頭肥水牛來殺了，莊內自有造下的好酒，先燒了一陌順溜紙，便叫莊客去請這當村裏三四百史家村戶都到家中草堂上序齒坐下，教莊客一面把盞勸酒。史進對眾人說道：「我聽得少華山上有三個強人，聚集著五七百小嘍囉打家劫舍。這廝們既然大弄，必然早

40

晚要來俺村中囉噪。我今特請你眾人來商議。倘若那廝們來時，各家準備。我莊上打起梆子，你眾人可各執鎗棒前來救應；你各家有事，亦是如此。遞相救護，共保村坊。如果強人自來，都是我來理會。」眾人道：「我等村農只靠大郎做主，梆子響時，誰敢不來。」當晚眾人謝酒，各自分散回家，準備器械。自此，史進修整門戶牆垣，安排莊院，設立幾處梆子，拴束衣甲，整頓刀馬，防賊寇，不在話下。

　　且說少華山寨中三個頭領坐定商議：為頭的神機軍師朱武，那人原是定遠人氏，能使兩口雙刀，雖無十分本事，卻精通陣法，廣有謀略；第二個好漢，姓陳，名達，原是鄴城人氏，使一條出白點鋼鎗；第三個好漢，姓楊，名春，蒲州解良縣人氏，使一口大桿刀。當日朱武卻與陳達、楊春說道：「如今我聽知華陰縣裏出三千貫賞錢，召人捉我們，誠恐來時要與他廝殺。只是山寨錢糧欠少，如何不去劫擄些來，以供山寨之用？聚積些糧食在寨裏，防備官軍來時，好和他打熬。」跳澗虎陳達道：「說得是。如今便去華陰縣裏先問他借糧，看他如何。」白花蛇楊春道：「不要華陰縣去，只去蒲城縣，萬無一失。」陳達道：

「蒲城縣人戶稀少，錢糧不多，不如只打華陰縣；那裏人民豐富，錢糧廣有。」楊春道：「哥哥不知。若是打華陰縣時，須從史家村過。那個九紋龍史進是個大蟲，不可去撩撥他。他如何肯放我們過去？」陳達道：「兄弟懦弱！一個村坊，過去不得，怎地敢抵敵官軍？」楊春道：「哥哥，不可小覷了他！那人端的了得！」朱武道：「我也曾聞他十分英雄，說這人真有本事。兄弟，休去罷。」陳達叫將起來，說道：「你兩個閉了鳥嘴！長別人志氣，滅自己威風！他只是一個人，須不三頭六臂？我不信！」喝叫小嘍囉：「快備我的馬來！如今便先去打史家莊，後取華陰縣！」朱武、楊春再三諫勸。陳達那裏肯聽？隨即披掛上馬，點了一百四五十小嘍囉，鳴鑼擂鼓，下山望史家村去了。

　　且說史進正在莊前整製刀馬，只見莊客報知此事。史進聽得，就莊上敲起梆子來。那莊前、莊後、莊東、莊西，三四百家莊戶，聽得梆子響，都拖鎗曳棒，聚起三四百人，一齊都到史家莊上。看了史進，頭戴一字巾，身披朱紅甲，上穿青錦襖，下著抹綠靴，腰繫皮搭膊，前後鐵掩心；一張弓，一壺箭，手裏拿一把三尖兩刃四竅八環刀。莊客牽

過那匹火炭赤馬。史進上了馬，綽了刀，前面擺著三四十壯健的莊客，後面列著八九十村蠢的鄉夫，各史家莊戶都跟在後頭，一齊吶喊，直到村北路口。那少華山陳達引了人馬飛奔到山坡下，將小嘍囉擺開。史進看時，見陳達頭戴乾紅凹面巾，身披裹金生鐵甲，上穿一領紅衲襖，腳穿一對吊墩靴；腰繫七尺攢線搭膊；坐騎一匹高頭白馬，手中橫著丈八點鋼矛。小嘍囉趁勢便吶喊。二員將就馬上相見。

　　陳達在馬上看著史進，欠身施禮。史進喝道：「汝等殺人放火，打家劫舍，犯著彌天大罪，都是該死的人！你也須有耳朵！好大膽，直來太歲頭上動土！」陳達在馬上答道：「俺山寨裏欠少些糧，欲往華陰縣借糧；經由貴莊，假一條路，並不敢動一根草。可放我們過去，回來自當拜謝。」史進道：「胡說！俺家見當里正，正要拿你這夥賊；今日倒來經由我村中過，卻不拿你，倒放你過去？本縣知道，須連累於我。」陳達道：「『四海之內，皆兄弟也！』相煩借一條路。」史進道：「甚麼閒話！我便肯時，有一個不肯！你問得他肯便去！」陳達道：「好漢，叫我問誰？」史進道：「你問得我手裏這口刀肯，便放你去！」

陳達大怒道：「趕人不要趕上！休得要逞精神！」史進也怒，輪手中刀，驟坐下馬，來戰陳達。陳達也拍馬挺鎗來迎史進。兩個交馬，鬥了多時，史進賣個破綻，讓陳達把鎗望心窩裏搠來；史進卻把腰一閃，陳達和鎗攧入懷裏來；史進輕舒猿臂，款扭狼腰，只一挾，把陳達輕輕摘離了嵌花鞍，款款揪住了線搭膊，只一丟，丟落地，那匹戰馬撥風也似去了。史進叫莊客把陳達綁了。眾人把小嘍囉一趕都走了。史進回到莊上，把陳達綁在庭心內柱上，等待一發拿了那兩個賊首，一併解官請賞。且把酒來賞了眾人，教且權散。眾人喝采：「不枉了史大郎如此豪傑！」

休說眾人歡喜飲酒。卻說朱武、楊春，兩個正在寨裏猜疑，捉摸不定，且教小嘍囉再去探聽消息。只見回去的人牽著空馬，奔到山前，只叫道：「苦也！陳家哥哥不聽二位哥哥所說，送了性命！」朱武問其緣故。小嘍囉備說交鋒一節，「怎當史進英雄！」朱武道：「我的言語不聽，果有此禍！」楊春道：「我們盡數都去與他死併，如何？」朱武道：「亦是不可；他尚自輸了，你如何併得他過？我有一條苦計，若救他不得，我和你都休。」楊春問道：「如何苦計？」朱武附耳低言說道：「只除——恁地。」

楊春道：「好計！我和你便去！事不宜遲！」

　　再說史進正在莊上忿怒未消，只見莊客飛報道：「山寨裏朱武、楊春自來了。」史進道：「這廝合休！我教他兩個一發解官！快牽過馬來！」一面打起梆子，眾人早都到來。史進上了馬，正待出莊門，只見朱武、楊春步行已到莊前，兩個雙雙跪下，擎著四行眼淚。史進下馬來喝道：「你兩個跪下如何說？」朱武哭道：「小人等三個累被官司逼迫，不得已上山落草。當初發願道：『不求同日生，只願同日死。』雖不及關、張、劉備的義氣，其心則同。今日小弟陳達不聽好言，誤犯虎威，已被英雄擒捉在貴莊，無計懇求，今來一逕就死。望英雄將我三人一發解官請賞，誓不皺眉。我等就英雄手內請死，並無怨心！」史進聽了，尋思道：「他們直恁義氣！我若拿他去解官請賞時，反教天下好漢們恥笑我不英雄。自古道：『大蟲不吃伏肉。』」史進道：「你兩個且跟我進來。」朱武、楊春並無懼怯，隨了史進，直到後廳前跪下，又教史進綁縛。史進三四五次叫起來。他兩個那裏肯起來？「惺惺惜惺惺，好漢識好漢。」史進道：「你們既然如此義氣深重，我若送了你們，不是好漢。我放陳達還你，如何？」朱武道：「休得連累

了英雄，不當穩便，寧可把我們解官請賞。」史進道：「如何使得。你肯吃我酒食麼？」朱武道：「一死尚然不懼，何況酒肉乎！」當時史進大喜，解放陳達，就後廳上座置酒設席管待三人。朱武、楊春、陳達拜謝大恩。酒至數杯，少添春色。酒罷，三人謝了史進，回山去了。史進送出莊門，自回莊上。

卻說朱武等三人歸到寨中坐下，朱武道：「我們非這條苦計，怎得性命在此？雖然救了一人，卻也難得史大郎為義氣上放了我們。過幾日備些禮物送去，謝他救命之恩。」

話休絮煩，過了十數日，朱武等三人收拾得三十兩蒜條金，使兩個小嘍囉乘月黑夜送去史家莊上。當夜敲門。莊客報知，史進火急披衣，來到莊前，問小嘍囉：「有甚話說？」小嘍囉道：「三個頭領再三拜覆：特使進獻些薄禮，酬謝大郎不殺之恩。不要推卻，望乞笑留。」取出金子遞與史進。初時推卻，次後尋思道：「既然好意送來，受之為當。」叫莊客置酒管待小校喫了半夜酒，把些零碎銀兩賞了小校回山。又過半月餘，朱武等三人在寨中商議

擄掠得好大珠子,又使小嘍囉連夜送來莊上。史進受了,不在話下。

又過了半月,史進尋思道:「也難得這三個敬重我,我也備些禮物回奉他。」次日,叫莊客尋個裁縫,自去縣裏買了三疋紅綿,裁成三領錦襖子;又揀肥羊煮了三個,將大盒子盛了,委兩個莊客送去。史進莊上有個為頭的莊客王四,此人頗能答應官府,口舌利便,滿莊人都叫他做「賽伯當」。史進教他同一個得力莊客,挑了盒擔,直送到山下。小嘍囉問了備細,引到山寨裏見了朱武等。三個頭領大喜,受了錦襖子並肥羊酒禮,把十兩銀子賞了莊客。每人喫了十數碗酒,下山同歸莊內,見了史進,說道:「山上頭領多多上覆。」

史進自此常常與朱武等三人往來。不時間,只是王四去山寨裏送物事,不止一日。寨裏頭領也頻頻地使人送金銀來與史進。

荏苒光陰,時遇八月中秋到來。史進要和三人說話,約至十五夜來莊上賞月飲酒,先使莊客王四齎一封請書直

47

至少華山上請朱武、陳達、楊春來莊上赴席。王四馳書逕到山寨裏,見了三位頭領,下了來書。朱武看了大喜。三個應允。隨即寫封回書,賞了王四五兩銀子,喫了十來碗酒。王四下得山來,正撞著時常送物事來的小嘍囉,一把抱住,那裏肯放?又拖去山路邊村酒店裏喫了十數碗酒。王四相別了回莊,一面走著,被山風一吹,酒卻湧上來,踉踉蹌蹌,一步一顛;走不得十里之路,見座林子,奔到裏面,望著那綠茸茸莎草地上撲地倒了。

原來摽兔李吉正在那坡下張兔兒,認得是史家莊上王四,趕入林子裏來扶他,那裏扶得動,只見王四搭膊裏突出銀子來。李吉尋思道:「這廝醉了,……那裏討得許多?何不拿他些?……」李吉解那搭膊,望地下只一抖,那封回書和銀子都抖出來。李吉拿起,頗識幾字,將書拆開看時,見面寫著少華山朱武、陳達、楊春;中間多有兼文武的言語,卻不識得,只認得三個字。李吉道:「我做獵戶,幾時能彀發跡?算命道我今年有大財,卻在這裏!華陰縣裏現出三千貫賞錢捕捉他三個賊人。叵耐史進那廝,前日我去他莊上尋矮邱乙郎,他道我來相腳頭屍盤,——你原來倒和賊人來往!」銀子並書都拿去了,華陰縣裏來出首。

　　卻說莊客王四一覺直睡到二更方醒覺來，看見月光微微照在身上，喫了一驚，跳將起來，卻見四邊都是松樹。便去腰裏摸時，搭膊和書都不見了；四下裏尋時，只見空搭膊在莎草地上。王四只管叫苦，尋思道：「銀子不打緊，這封回書卻怎生得好？正不知被甚人拿去了？……」眉頭一縱，計上心來，自道：「若回去莊上說脫了回書，大郎必然焦躁，定是趕我出來；不如只說不曾有回書，那裏查照？」計較定了，飛也似取路歸來莊上，卻好五更天氣。

　　史進見王四回來，問道：「你緣何方纔歸來？」王四道：「托主人福蔭，寨中三個頭領都不肯放，留住王四喫了半夜酒，因此回來遲了。」史進又問：「曾有回書麼？」王四道：「三個頭領要寫回書，卻是小人道：『三位頭領既然準時赴席，何必回書？小人又有杯酒，路上恐有些失支脫節，不是耍處。』……」史進聽了大喜，說道：「不枉了諸人叫你『賽伯當』！真個了得！」王四應道：「小人怎敢差遲，路上不曾住腳，一直奔回莊上。」史進道：「既然如此，教人去縣裏買些果品案酒伺候。」

　　不覺中秋節至，是日晴明得好。史進當日分付家中莊客宰了一腔大羊，殺了百十個雞鵝，準備下酒食筵宴。看看天色晚來，少華山上朱武、陳達、楊春三個頭領分付小嘍囉看守寨柵，只帶三五個做伴，將了朴刀，各跨口腰刀，不騎鞍馬，步行下山，逕來到史家莊上。史進接著，各敘禮罷，請入後園。莊內已安排下筵宴。史進請三位頭領上坐，史進對席相陪，便叫莊客把前後莊門拴了，一面飲酒。莊內莊客輪流把盞，一邊割羊勸酒。酒至數杯，卻早東邊推起那輪明月。

　　史進和三個頭領在後園飲酒，賞玩中秋，敘說舊話新言。只聽得牆外一聲喊起，火把亂明。史進大驚，跳起身來道：「三位賢友且坐，待我去看！」喝叫莊客：「不要開門！」掇條梯子上牆打一看時，只見是華陰縣尉在馬上，引著兩個都頭，帶著三四百士兵，圍住莊院。史進及三個頭領只管叫苦。外面火光中照見鋼叉，朴刀，五股叉，留客住，擺得似麻林一般。兩個都頭口裏叫道：「不要走了強賊！」

　　不是這夥人來捉史進並三個頭領，怎地教史進先殺了

一二個人，結識了十數個好漢？直教：蘆花深處屯兵士，荷葉陰中治戰船。畢竟史進與三個頭領怎地脫身，且聽下回分解。

第二回　史大郎夜走華陰縣　魯提轄拳打鎮關西

　　話說當時史進道：「卻怎生是好？」朱武等三個頭領跪下道：「哥哥，你是乾淨的人，休為我等連累了。可把索來綁縛我三個出去請賞，免得負累了你不好看。」史進道：「如何使得！恁地時，是我賺你們來，捉你請賞，枉惹天下人笑。若是死時，我與你們同死；活時同活。你等起來，放心，別作圓便。且等我問個來歷情繇。」

　　史進上梯子問道：「你兩個何故半夜三更來劫我莊上？」兩個都頭道：「大郎，你兀自賴哩！見有原告人李吉在這裏。」史進喝道：「李吉，你如何誣告平人？」李吉應道：「我本不知；林子裏拾得王四的回書，一時間把在縣前看，因此事發。」史進叫王四，問道：「你說無回書，如何卻又有書？」王四道：「便是小人一時醉了，忘記了回書。」史進大喝道：「畜生！卻怎生好！」外面都頭人等懼怕史進了得，不敢奔入莊裏來捉人。三個頭領把手指道：「且答應外面。」史進會意，在梯子上叫道：「你兩個都頭都不必鬥動，權退一步，我自綁縛出來解官

52

請賞。」那兩個都頭都怕史進，只得應道：「我們都是沒事的，等你綁出來，同去請賞。」史進下梯子，來到廳前，先將王四帶進後園，把來一刀殺了；喝教許多莊客把莊裏有的沒的細軟等物即便收拾，盡教打疊起了；一壁點起三四十個火把。莊裏史進和三個頭領全身披掛，鎗架上各人跨了腰刀，拿了朴刀，拽扎起，把莊後草屋點著；莊客各自打拴了包裹。外面見裏面火起，都奔來後面看。史進卻就中堂又放起火來，大開莊門，吶聲喊，殺將出來。史進當頭，朱武、楊春在中，陳達在後，和小嘍囉並莊客，一衝一撞，指東殺西。史進卻是個大蟲，那裏攔當得住？後面火光亂起，殺開條路，衝將出來。正迎著兩個都頭並李吉，史進見了大怒。「讎人見面，分外眼明！」兩個都頭見勢頭不好，轉身便走。李吉也卻待回身。史進早到，手起一刀，把李吉斬做兩段。兩個都頭正待走時，陳達、楊春趕上，一個一朴刀，結果了兩個性命。縣尉驚得跑馬走回去了。眾士兵那裏敢向前，各自逃命散了，不知去向。

史進引著一行人，且殺且走，直到少華山上寨內坐下。喘息方定，朱武等忙叫小嘍囉一面殺牛宰馬，賀喜飲宴，不在話下。

一連過了幾日，史進尋思：「一時間要救三人，放火燒了莊院。雖是有些細軟家財，粗重雜物，盡皆沒了！」心內躊躇，在此不了，開言對朱武等說道：「我師父王教頭在關西經略府勾當，我先要去尋他，只因父親死了，不曾去得；今來家私莊院廢盡，我如今要去尋他。」朱武三人道：「哥哥休去，只在我寨中且過幾日，又作商議。若哥哥不願落草時，待平靜了，小弟們與哥哥重整莊院，再作良民。」史進道：「雖是你們的好情分，只是我今去意難留。我若尋得師父，也要那裏討個出身，求半世快樂。」朱武道：「哥哥便在此間做個寨主，卻不快活？只恐寨小不堪歇馬。」史進道：「我是個清白好漢，如何肯把父母遺體來點污了！你勸我落草，再也休題。」史進住了幾日，定要去。朱武等苦留不住。史進帶去的莊客都留在山寨；只自收拾了些散碎銀兩，打拴一個包裹，餘者多的盡數寄留在山寨。

史進頭帶白范陽氈大帽，上撒一撮紅纓；帽兒下裹一頂渾青抓角軟頭巾，頂上明黃縷帶，身穿一領白紵絲兩上領戰袍，腰繫一條揸五指梅紅攢線搭膊，青白間道行纏絞

腳，襯著踏山透土多耳麻鞋，跨一口銅鈙磐口雁翎刀；背上包裹；提了朴刀，辭別朱武等三人。眾多小嘍囉都送下山來。朱武等灑淚而別，自回山寨去了。

※※※

只說史進提了朴刀，離了少華山，取路投關西五路。望延安府路上來。免不得飢餐渴飲，夜住曉行。獨自行了半月之上，來到渭州。「這裏也有個經略府，莫非師父王教頭在這裏？」史進便入城來看時，依然有六街三市。只見一個小小茶坊正在路口。史進便入茶坊裏來揀一副坐位坐了。茶博士問道：「客官，喫甚茶？」史進道：「喫個泡茶。」茶博士點個泡茶放在史進面前。史進問道：「這裏經略府在何處？」茶博士道：「只在前面便是。」史進道：「借問經略府內有個東京來的教頭王進麼？」茶博士道：「這府裏教頭極多，有三四個姓王的，不知那個是王進。」

道猶未了，只見一個大漢大踏步竟進入茶坊裏來。史進看他時，是個軍官模樣；頭裏芝麻羅萬字頂頭巾，腦後

兩個太原府扭絲金環，上穿一領鸚哥綠紵絲戰袍，腰繫一條文武雙股鴉青絛；足穿一雙鷹爪皮四縫乾黃靴；生得面圓耳大，鼻直口方，腮邊一部落腮鬍鬚，身長八尺，腰闊十圍。那人入到茶房裏面坐下。茶博士便道：「客官，要尋王教頭，只問這位提轄，便都認得。」史進忙起身施禮道：「客官，請坐，拜茶。」

那人見史進長大魁偉，像條好漢，便來與他施禮。兩個坐下。史進道：「小人大膽，敢問官人高姓大名？」那人道：「洒家是經略府提轄，姓魯，諱個達字。敢問阿哥，你姓什麼？」史進道：「小人是華州華陰縣人氏。姓史，名進。請問官人，小人有個師父，是東京八十萬禁軍教頭，姓王，名進，不知在此經略府中有也無？」魯提轄道：「阿哥，你莫不是史家村甚麼九紋龍史大郎？」史進拜道：「小人便是。」魯提轄連忙還禮，說道：「『聞名不如見！見面勝如聞名。』你要尋王教頭，莫不是在東京惡了高太尉的王進？」史進道：「正是那人。」魯達道：「俺也聞他名字，那個阿哥不在這裏。洒家聽得說，他在延安府老种經略相公處勾當。俺這渭州卻是小种經略相公鎮守。那人不在這裏。你既是史大郎時，多聞你的好名字，你且和

我上街去喫杯酒。」魯提轄挽了史進的手，便出茶坊來。魯達回頭道：「茶錢，洒家自還你。」茶博士應道：「提轄但喫不妨，只顧去。」

　　兩個挽了肐膊，出得茶坊來，上街行得三五十步，只見一簇眾人圍住白地上。史進道：「兄長，我們看一看。」分開人眾看時，中間裏一個人，仗著十來條桿棒，地上攤著十數個膏藥，一盤子盛著，插把紙標兒在上面，卻原來是江湖上使鎗棒賣藥的。史進見了，卻認得他。原來是教史進開手的師父，叫做「打虎將」李忠。史進就人叢中叫道：「師父，多時不見。」李忠道：「賢弟，如何到這裏？」魯提轄道：「既是史大郎的師父，也和俺去喫三杯。」李忠道：「待小子賣了膏藥，討了回錢，一同和提轄去。」魯達道：「誰奈煩等你！去便同去！」李忠道：「小人的衣飯，無計奈何。提轄先行，小人便尋將來。——賢弟，你和提轄先行一步。」魯達焦躁，把那看的人一推一交，罵道：「這廝們夾著屁眼撒開！不去的洒家便打！」眾人見是魯提轄，一鬨都走了。李忠見魯達兇猛，敢怒而不敢言，只得陪笑道：「好急性的人！」當下收拾了行頭藥囊，寄頓了槍棒。三個人轉彎抹角，來到州橋之

下一個潘家有名的酒店，門前挑出望竿，掛著酒旆，漾在空中飄蕩。三人來到潘家酒樓上揀個濟楚閣兒裏坐下。提轄坐了主位，李忠對席，史進下首坐了。酒保唱了喏，認得是魯提轄，便道：「提轄官人，打多少酒？」魯達道：「先打四角酒來。」一面鋪下菜蔬果品按酒，又問道：「官人，喫甚下飯？」魯達道：「問甚麼！但有，只顧賣來，一發算錢還你！這廝！只顧來聒噪！」酒保下去，隨即燙酒上來；但是下口肉食，只顧將來擺一桌子。

　　三個酒至數杯，正說些閒話，較量些鎗法，說得入港，只聽得隔壁閣子裏有人哽哽咽咽啼哭。魯達焦躁，便把碟兒盞兒都丟在樓板上。酒保聽得，慌忙上來看時，見魯提轄氣憤地。酒保抄手道：「官人，要甚東西，分付賣來。」魯達道：「洒家要甚麼！你也須認得洒家！卻怎地教甚麼人在間壁吱吱的哭，攪俺弟兄們喫酒？洒家須不曾少了你酒錢！」酒保道：「官人息怒。小人怎敢教人啼哭，打攪官人喫酒？這個哭的是綽酒座兒唱的父女兩人，不知官人們在此喫酒，一時間自苦了啼哭。」魯提轄道：「可是作怪！你與我喚的他來。」酒保去叫。不多時，只見兩個到來：前面一個十八九歲的婦人，背後一個五六十歲的老兒，

手裏拿串拍板，都來到面前。看那婦人，雖無十分的容貌，也有些動人的顏色，拭著淚眼，向前來深深的道了三個萬福。那老兒也都相見了。

魯達問道：「你兩個是那裏人家？為甚麼啼哭？」那婦人便道：「官人不知，容奴告稟：奴家是東京人氏，因同父母來渭州投奔親眷，不想搬移南京去了。母親在客店裏染病身故。父女二人流落在此生受。此間有個財主，叫做「鎮關西」鄭大官人，因見奴家，便使強媒硬保，要奴作妾。誰想寫了三千貫文書，虛錢實契，要了奴家身體。未及三個月，他家大娘子好生利害，將奴趕打出來，不容完聚，著落店主人家追要原典身錢三千貫。父親懦弱，和他爭不得，他又有錢有勢。當初不曾得他一文，如今那討錢來還他？沒計奈何，父親自小教得家些小曲兒，來這裏酒樓上趕座子，每日但得些錢來，將大半還他，留些少父女們盤纏。這兩日，酒客稀少，違了他錢限，怕他來討時，受他差恥。父女們想起這苦楚來，無處告訴，因此啼哭。不想誤犯了官人，望乞恕罪，高抬貴手！」

魯提轄又問道：「你姓甚麼？在那個客店裏歇？那個

鎮關西鄭大官人在那裏住？」老兒答道：「老漢姓金，排行第二。孩兒小字翠蓮。鄭大官人便是此間狀元橋下賣肉的鄭屠，綽號鎮關西。老漢父女兩個只在前面東門裏魯家客店安下。」魯達聽了道：「呸！俺只道那個鄭大官人，卻原來是殺豬的鄭屠！這個腌臢潑才，投托著俺小种經略相公門下做個肉鋪戶，卻原來這等欺負人！」回頭看著李忠、史進，道：「你兩個且在這裏，等洒家去打死了那廝便來！」史進、李忠，抱住勸道：「哥哥息怒，明日卻理會。」兩個三回五次勸得他住。

魯達又道：「老兒，你來！洒家與你些盤纏，明日便回東京去，如何？」父女兩個告道：「若是能彀回鄉去時，便是重生父母，再長爺娘。只是店主人家如何肯放？鄭大官人須著落他要錢。」魯提轄道：「這個不妨事，俺自有道理。」便去身邊摸出五兩來銀子，放在上，看著史進道：「洒家今日不曾多帶得些出來；你有銀子，借些與俺，洒家明日便送還你。」史進道：「直甚麼，要哥哥還。」去包裹裏取出一錠十兩銀子放在桌上。魯達看著李忠道：「你也借些出來與洒家。」李忠去身邊摸出二兩來銀子。魯提轄看了，見少，便道：「也是個不爽利的人！」魯達

只把這十五兩銀子與了金老，分付道：「你父子兩個將去做盤纏，一面收拾行李。俺明日清早來發付你兩個起身，看那個店主人敢留你！」金老並女兒拜謝去了。魯達把這二兩銀子丟還了李忠。

三人再喫了兩角酒，下樓來叫道：「主人家酒錢，洒家明日送來還你。」主人家連聲應道：「提轄只顧自去，但喫不妨，只怕提轄不來賒。」三個人出了潘家酒肆，到街上分手。史進、李忠，各自投客店去了。

只說魯提轄回到經略府前下處。到房裏，晚飯也不喫，氣憤憤地睡了。主人家又不敢問他。

再說金老得了這一十五兩銀子，回到店中，安頓了女兒，先去城外遠處覓下一輛車兒；回來收拾了行李，還了房宿錢，算清了柴米錢，只等來日天明，當夜無事。次早，五更起來，父女兩個先打火做飯，喫罷，收拾了。天色微明，只見魯提轄大踏步走入店裏來，高聲叫道：「店小二，那裏是金老歇處？」小二道：「金公，魯提轄在此尋你。」金老開了房門道：「提轄官人，裏面請坐！」魯達道：

「坐甚麼！你去便去，等甚麼！」金老引了女兒，挑了擔兒，作謝提轄，便待出門。店小二攔住道：「金公，那裏去？」魯達問道：「他少你房錢？」小二道：「小人房錢，昨夜都算還了；須欠鄭大官人典身錢，著落在小人身上看管他哩。」魯提轄道：「鄭屠的錢，洒家自還他，你放這老兒還鄉去！」那店小二那裏肯放。魯達大怒，張開五指，去那小二臉上只一掌，打得那店小二口中吐血；再復一拳，打落兩個當門牙齒。小二爬將起來，一道煙跑向店裏去躲了。店主人那裏敢出來攔他。金老父女兩個忙忙離了店中，出城自去尋昨日覓下的車兒去了。

且說魯達尋思，恐怕店小二趕去攔截他，且向店裏撥條凳子坐了兩個時辰，約莫金公去得遠了，方纔起身，逕到狀元橋來。

且說鄭屠開著兩間門面，兩副肉案，懸掛著三五片豬肉。鄭屠正在門前櫃身內坐定，看那十來個刀手賣肉。魯達走到門前，叫聲：「鄭屠。」鄭屠看時，見是魯提轄，慌忙出櫃身來唱喏道：「提轄恕罪。」便叫副手撥條凳子來。「提轄請坐。」魯達坐下道：「奉著經略相公鈞旨：

要十斤精肉，切做臊子，不要見半點肥的在上面。」鄭屠
道：「使得！——你們快選好的切十斤去。」魯提轄道：
「不要那等腌臢廝們動手，你自與我切。」鄭屠道：「說
得是，小人自切便了。」自去肉案上揀了十斤精肉，細細
切做臊子。

那店小二把手帕包了頭，正來鄭屠家報說金老之事，
卻見魯提轄坐在肉案門邊，不敢攏來，只得遠遠的立住，
在房簷下望。

這鄭屠整整的自切了半個時辰，用荷葉包了道：「提
轄，教人送去？」魯達道：「送甚麼！且住！再要十斤都
是肥的，不要見些精的在上面，也要切做臊子。」鄭屠道：
「卻纔精的，怕府裏要裹餛飩；肥的臊子何用？」魯達睜
著眼道：「相公鈞旨分付洒家，誰敢問他？」鄭屠道：
「是合用的東西，小人切便了。」又選了十斤實膘的肥肉，
也細細的切做臊子，把荷葉包了。整弄了一早晨，卻得飯
罷時候。

那店小二那裏敢過來，連那正要買肉的主顧也不敢攏

來。

　　鄭屠道：「著人與提轄拿了，送將府裏去？」魯達道：「再要十斤寸金軟骨，也要細細地剁做臊子，不要見些肉在上面。」鄭屠笑道：「卻不是特地來消遣我！」魯達聽得，跳起身來，拿著那兩包臊子在手，睜著眼，看著鄭屠，道：「洒家特地要消遣你！」把兩包臊子劈面打將去，卻似下了一陣的「肉雨」。鄭屠大怒，兩條忿氣從腳底下直衝到頂門；心頭那一把無明業火焰騰騰的按納不住；從肉案上搶了一把剔骨尖刀，托地跳將下來。魯提轄早拔步在當街上。

　　眾鄰舍並十來個火家，那個敢向前來勸；兩邊過路的人都立住了腳；和那店小二也驚得呆了。

　　鄭屠右手拿刀，左手便來要揪魯達；被這魯提轄就勢按住左手，趕將入去，望小腹上只一腳，騰地踢倒在當街上。魯達再入一步，踏住胸脯，提著醋缽兒大小拳頭，看著這鄭屠道：「洒家始投老种經略相公，做到關西五路廉訪使，也不枉了叫做『鄭關西』！你是個賣肉的操刀屠戶，

狗一般的人，也叫做『鄭關西』！你如何強騙了金翠蓮的？」只一拳，正打在鼻子上，打得鮮血迸流，鼻子歪在半邊，卻便似開了個油鋪：鹹的、酸的、辣的，一發都滾出來。鄭屠挣不起來，那把尖刀也丟在一邊，口裏只叫：「打得好！」魯達罵道：「直娘賊！還敢應口！」提起拳頭來就眼眶際眉梢只一拳，打得眼稜縫裂，烏珠迸出，也似開了個彩帛舖的：紅的、黑的、紫的，都綻將出來。

兩邊看的人懼怕魯提轄，誰敢向前來勸？

鄭屠當不過，討饒。魯達喝道：「咄！你是個破落戶！若只和俺硬到底，洒家便饒你了！你如今對俺討饒，洒家偏不饒你！」又只一拳，太陽上正著，卻似做了一個全堂水陸的道場：磬兒、鈸兒、鐃兒，一齊響。魯達看時，只見鄭屠挺在地上，口裏只有出的氣，沒了入的氣，動撣不得。

魯提轄假意道：「你這廝詐死，洒家再打！」只見面皮漸漸的變了。魯達尋思道：「俺只指望痛打這廝一頓，不想三拳真個打死了他。洒家須喫官司，又沒人送飯，不

如及早撒開。」拔步便走，回頭指著鄭屠屍道：「你詐死！洒家和你慢慢理會！」一頭罵，一頭大踏步去了。

街坊鄰舍並鄭屠的火家，誰敢向前來攔他？

魯提轄回到下處，急急捲了些衣服盤纏，細軟銀兩；但是舊衣粗重都棄了；提了一條齊眉短棒，奔出南門，一道煙走了。

且說鄭屠家中眾人和那報信的店小二救了半日，不活，嗚呼死了。老小鄰人逕來州衙告狀，候得府尹陞廳，接了狀子，看罷道：「魯達係經略府提轄。……」不敢擅自逕來捉捕兇身。府尹隨即上轎，來到經略府前，下了轎子，把門軍士入去報知。經略聽得，教請到廳上，與府尹施禮罷。經略道：「何來？」府尹稟道：「好教相公得知，府中提轄魯達無故用拳打死市上鄭屠。不曾稟過相公，不敢擅自捉拿兇身。」經略聽了，喫了一驚，尋思道：「這魯達雖好武藝，只見性格粗鹵。今番做出人命事，俺如何護得短？須教他推問使得。」經略回府尹道：「魯達這人原是我父親老經略處的軍官。為因俺這裏無人幫護，撥他來

做個提轄。既然犯了人命罪過，你可拿他依法度取問。如若供招明白，擬罪已定，也須教我父親知道，方可斷決。怕日後父親處邊上要這個人時，卻不好看。」府尹稟道：「下官問了情繇，合行申稟老經略相公知道，方敢斷遣。」府尹辭了經略相公，出到府前，上了轎，回到州衙裏，陞廳坐下，便喚當日揖捕使臣押下文書，捉拿犯人魯達。

當時王觀察領了公文，將帶二十來個做公的人逕到魯提轄下處。只見房主人道：「卻纔帶了些包裹，提了短棒，出去了。小人只道奉著差使，又不敢問他。」王觀察聽了，教打開他房門看時，只有些舊衣舊裳和些被臥在裏面。王觀察就帶了房主人東西四下裏去跟尋，州南走到州北，捉拏不見。王觀察又捉了兩家鄰舍並房主人同到州衙廳上回話道：「魯提轄懼罪在逃，不知去向，只拏得房主人並鄰舍在此。」府尹見說，且教監下，一面教拘集鄭屠家鄰佑人等，點了仵作行人，仰著本地方官人並坊廂里正再三檢驗已了，鄭屠家自備棺木盛殮，寄在寺院。一面疊成文案，一壁差人杖限緝捕兇身。原告人保領回家。鄰佑杖斷有失救應。房主人並下處鄰舍止得個不應。魯達在逃。行開個廣捕急遞的文書，各處追捉；出賞錢一千貫；寫了魯達的

年甲、貫址、形貌，到處張掛。一干人等，疏放聽候。鄭
屠家親人自去做孝，不在話下。

※※※

　　且說魯達自離了渭州，東逃西奔，急急忙忙，行過了
幾處州府，正是「飢不擇食，寒不擇衣，慌不擇路，貧不
擇妻。」魯達心慌搶路，正不知投那裏去的是；一連地行
了半月之上，卻走到代州雁門縣；入得城來，見這市井鬧
熱，人煙輳集，車馬駢馳，一百二十行經商買賣行貨都有，
端的整齊，雖然是個縣治，勝如州府。魯提轄正行之間，
卻見一簇人圍住了十字街口看榜。魯達看見挨滿，也鑽在
人叢裏聽時。──魯達卻不識字。只聽得眾人讀道：

　　代州雁門縣依奉太原府指揮使司，該准渭州文字，捕
捉打死鄭屠犯人魯達，──即係經略府提轄。如有人停藏
在家宿食者，與犯人同罪；若有人捕獲前來或首到告官，
支給賞錢一千貫文。⋯⋯

　　魯提轄正聽到那裏，只聽得背後一個人大叫道：「張

大哥，你如何在這裏？」攔腰抱住，扯離了十字路口。

　　不是這個人看見了，橫拖倒拽將去，有分教：魯提轄剃除頭髮，削去鬍鬚，倒換過殺人姓名，薅惱殺諸佛羅漢；直教：禪杖打開危險路，戒刀殺盡不平人。畢竟扯住魯提轄的是甚人，且聽下回分解。

第三回　趙員外重修文殊院　魯智深大鬧五臺山

　　話說當下魯提轄扭過身來看時，拖扯的不是別人，卻是渭州酒樓上救了的金老。那老兒直拖魯達到僻靜處，說道：「恩人！你好大膽！見今明明地張掛榜文，出一千貫賞錢捉你，你緣何卻去看榜？若不是老漢遇見時，卻不被做公的拿了？榜上見寫著你年甲，貌相，貫址！」魯達道：「洒家不瞞你說，因為你事，就那日回到狀元橋下，正迎著鄭屠那廝，被洒家三拳打死了，因此上在逃。一到處撞了四五十日，不想來到這裏。你緣何不回東京去，也來到這裏？」金老道：「恩人在上；自從得恩人救了老漢，尋得一輛車子，本欲要回東京去；又怕這廝趕來，亦無恩人在彼搭救，因此不上東京去。隨路望北來，撞見一個京師古鄰來這裏做買賣，就帶老漢父女兩口兒到這裏。虧殺了他，就與老漢女做媒，結交此間一個大財主趙員外，養做外宅，衣食豐足，皆出於恩人。我女兒常常對他孤老說提轄大恩，那個員外也愛刺鎗使棒。常說道：『怎地恩人相會一面，也好。』想念如何能彀得見？且請恩人到家過幾日，卻再商議。」

　　魯提轄便和金老行不得半里，到門首，只見老兒揭起簾子，叫道：「我兒，大恩人在此。」那女孩兒濃粧艷飾。從裏面出來，請魯達居中坐了，插燭也似拜了六拜，說道：「若非恩人垂救，怎能勾有今日！」拜罷，便請魯提轄道：「恩人，上樓去請坐。」魯達道：「不須生受，洒家便要去。」金老便道：「恩人既到這裏，如何肯放教你便去！」老兒接了桿棒、包裹，請到樓上坐定。老兒分付道：「我兒，陪侍恩人坐坐，我去安排飯來。」

　　魯達道：「不消多事，隨分便好。」老兒道：「提轄恩念，殺身難報；量些粗食薄味，何足掛齒！」女子留住魯達在樓上坐地。金老下來，叫了家中新討的小廝，分付那個婭嬛一面燒著火。老兒和這小廝上街來買了些鮮魚、嫩雞、釀鵝、肥鮓、時新果子之類歸來。一面開酒，收拾菜蔬，都早擺了，搬上樓來。春臺上放下三個盞子，三雙筷子，鋪下菜蔬果子嗄飯等物。婭嬛將銀酒壺燙上酒來。父女二人輪番把盞，金老倒地便拜。

　　魯提轄道：「老人家，如何恁地下禮？折殺俺也！」

71

金老說道：「恩人聽稟，前日老漢初到這裏，寫個紅紙牌兒，旦夕一炷香，父女兩個兀自拜哩；今日恩人親身到此，如何不拜！」魯達道：「卻也難得你這片心。」

三人慢慢地飲酒。將及天晚，只聽得樓下打將起來。魯提轄開看時，只見樓下三二十人，各執白木棍棒，口裏都叫：「拿將下來！」人叢裏，一個官人騎在馬上，口裏大喝道：「休叫走了這賊！」魯達見不是頭，拿起凳子，從樓上打將下來。金老連忙搖手，叫道：「都不要動手！」那老兒搶下樓去，直至那騎馬的官人身邊說了幾句言語。那官人笑起來，便喝散了那二三十人，各自去了。

那官人下馬，入到裏面。老兒請下魯提轄來。那官人撲翻身便拜，道：「『聞名不如見面，見面勝似聞名！』義士提轄受禮。」

魯達便問那金老道：「這官人是誰？素不相識，緣何便拜洒家？」老兒道：「這個便是我兒的官人趙員外。卻纔只道老漢引甚麼郎君子弟在樓上喫酒，因此引莊客來廝

打。老漢說知，方纔喝散了。」

魯達道：「原來如此，怪員外不得。」趙員外再請魯提轄上樓坐定，金老重整杯盤，再備酒食相待。趙員外讓魯達上首坐地。魯達道：「洒家怎敢。」

員外道：「聊表相敬之禮。小子多聞提轄如此豪傑，今日天賜相見，實為萬幸。」魯達道：「洒家是個粗鹵漢子，又犯了該死的罪過；若蒙員外不棄貧賤，結為相識，但有用洒家處，便與你去。」趙員外大喜，動問打死鄭屠一事，說些閒話，較量些鎗法，喫了半夜酒，各自歇了。

次日天明，趙員外道：「此處恐不穩便，欲請提轄到敝莊住幾時。」魯達問道：「貴莊在何處？」員外道：「離此間十里多路，地名七寶村，便是。」魯達道：「最好。」員外先使人去莊上再牽一疋馬來。未及晌午，馬已到來，員外便請魯提轄上馬，叫莊客擔了行李。魯達相辭了金老父女二人，和趙員外上了馬。兩個並馬行程，於路說些閒話，投七寶村來。不多時，早到莊前下馬。趙員外攜住魯達的手，直至草堂上，分賓而坐；一面叫殺羊置酒

相待，晚間收拾客房安歇。次日又備酒食管待。魯達道：
「員外錯愛洒家，如何報答！」趙員外便道：「『四海之
內，皆兄弟也；』如何言報答之事。」

　　話休絮煩。魯達自此之後在這趙員外莊上住了五七日。
忽一日，兩個正在書院裏閒坐說話，只見金老急急奔來莊
上，逕到書院裏見了趙員外並魯提轄；見沒人，便對魯達
道：「恩人，不是老漢心多。為是恩人前日老漢請在樓上
喫酒，員外誤聽人報，引領莊客來鬧了街坊，後卻散了。
人都有些疑心，說開去，昨日有三四個做公的來鄰舍街坊
打聽得緊，只怕要來村裏緝捕恩人。倘或有些疏失，如之
奈何？」魯達道：「恁地時，洒家自去便了。」趙員外道：
「若是留提轄在此，恐誠有些山高水低，教提轄怨恨，若
不留提轄來，許多面皮都不好看。趙某卻有個道理，教提
轄萬無一失，足可安身避難；只怕提轄不肯。」魯達道：
「洒家是個該死的人，但得一處安身便了，做甚麼不肯！」
趙員外道：「若如此，最好。離此間三十餘里，有座山，
喚做五臺山。山上有一個文殊院，原是文殊菩薩道場。寺
裏有五七百僧人，為頭智真長老，是我弟兄。我祖上曾捨
錢在寺裏，是本寺的施主檀越。我曾許下剃度一僧在寺裏，

已買下一道五花度牒在此，只不曾有個心腹之人了這條願心。如是提轄肯時，一應費用都是趙某備辦。委實肯落髮做和尚麼？」魯達尋思道：「如今便要去時，那裏投奔人？不如就了這條路罷。」便道：「既蒙員外做主，洒家情願做和尚。專靠員外照管。」

當時說定了，連夜收拾衣服盤纏段疋禮物。次日早起來，叫莊客挑了，兩個取路望五臺山來。辰牌巳後，早到那山下。趙員外與魯提轄兩乘轎子抬上山來，一面使莊客前去通報。到得寺前，早有寺中都寺，監寺，出來迎接。兩個下了轎子，去山門外亭子上坐定。寺內智真長老得知，引著首座、侍者，出山門外來迎接。趙員外和魯達向前施禮。智真長老打了問訊。說道：「施主遠出不易。」趙員外答道：「有些小事，特來上剎相浼。」智真長老便道：「且請員外方丈喫茶。」趙員外前行，魯達跟在背後。當時同到方丈。長老邀員外向客席而坐。魯達便去下首坐在禪椅上。員外叫魯達附耳低言：「你來這裏出家，如何便對長老坐地？」魯達道：「洒家不省得。」起身立在員外肩下。面前首座、維那、侍者、監寺、知客、書記，依次排立東西兩班。

　　莊客把轎子安頓了，一齊搬將盒子入方丈來，擺在面前。長老道：「何故又將禮物來？寺中多有相瀆檀越處。」趙員外道：「些小薄禮，何足稱謝。」道人、行童，收拾去了。

　　趙員外起身道：「一事啟堂頭大和尚：趙某舊有一條願心，許剃一僧在上剎，度牒詞簿都已有了，到今不曾剃得。今有這個表弟，姓魯，是關內漢出身；因見塵世艱辛，情願棄俗出家。萬望長老收錄，大慈大悲，看趙某薄面，披剃為僧。一應所用，弟子自當準備。萬望長老玉成，幸甚！」長老見說，答道：「這個因緣是光輝老僧山門，容易，容易！且請拜茶。」只見行童托出茶來。茶罷，收了盞托，真長老便喚首座、維那，商議剃度這人；分付監寺、都寺，安排齋食。

　　只見首座與眾僧自去商議道：「這個人不似出家的模樣。一雙眼卻恁兇險！」眾僧道：「知客，你去邀請客人坐地，我們與長老計較。」知客出來請趙員外、魯達到客館裏坐地。首座眾僧稟長老，說道：「卻纔這個要出家的

人，形容醜惡，相貌兇頑，不可剃度他，恐久後累及山門。」長老道：「他是趙員外檀越的兄弟。如何撇得他的面皮？你等眾人且休疑心，待我看一看。」焚起一炷信香，長老上禪椅盤膝而坐，口誦咒語，入定去了；一炷香過，卻好回來，對眾僧說道：「只顧剃度他。此人上應天星，心地剛直。雖然時下兇頑，命中駁雜，久後卻得清淨。證果非凡，汝等皆不及他。可記吾言，勿得推阻！」首座道：「長老只是護短，我等只得從他。不諫不是，諫他不從便了！」

　　長老叫備齊食請趙員外等方丈會齋。齋罷，監寺打了單帳。趙員外取出銀兩，教人買辦物料；一面在寺裏做僧鞋、僧衣、僧帽、袈裟、拜具。一兩日，都已完備。長老選了吉日良時，教鳴鐘擊鼓，就法堂內會大眾。整整齊齊五六百僧人，盡披袈裟，都到法座下合掌作禮，分作兩班。趙員外取出銀錠、表裏、信香，向法座前禮拜了。表白宣疏已罷，行童引魯達到法座下。維那教魯達除下巾幘，把頭髮分做九路綰了，捆撰起來。淨髮人先把一週遭都剃了，卻待剃髭鬚。魯達道：「留下這些兒還洒家也好。」眾僧忍笑不住。真長老在法座上道：「大眾聽偈。」念道：

「寸草不留，六根清淨；與汝剃除，免得爭競。」長老念罷偈言，喝一聲：「咄！盡皆剃去！」剃髮人只一刀，盡皆剃了。首座呈將度牒上法座前請長老賜法名。長老拿著空頭度牒而說偈曰：「靈光一點，價值千金；佛法廣大，賜名智深。」長老賜名已罷，把度牒轉將下來。書記僧填寫了度牒，付與魯智深收受。長老又賜法衣袈裟，教智深穿了。監寺引上法座前，長老與他摩頂受記道：「一要皈依佛性，二要皈奉正法，三要皈敬師友：此是『三皈』。『五戒』者：一不要殺生，二不要偷盜，三不要邪淫，四不要貪酒，五不要妄語。」智深不曉得戒壇答應「能」「否」二字，卻便道：「洒家記得。」眾僧都笑。受記已罷，趙員外請眾僧到雲堂裏坐下，焚香設齋供獻。大小職事僧人，各有上賀禮物。都寺引魯智深參拜了眾師兄、師弟，又引去僧堂背後選佛場坐地。當夜無事。

次日，趙員外要回，告辭長老，留連不住。早齋已罷，並眾僧都送出山門。趙員外合掌道：「長老在上，眾師父在此，凡事慈悲！小弟智深乃是愚魯直人，早晚禮數不到，言語冒瀆，誤犯清規，萬望覷趙某薄面，恕免恕免！」長老道：「員外放心。老僧自慢慢地教他念經誦咒，辦道參

禪。」員外道：「日後自得報答。」人叢裏，喚智深到松樹下，低低分付道：「賢弟，你從今日難比往常。凡事自宜省戒，切不可托大。倘有不然，難以相見。保重保重！早晚衣服，我自使人送來。」智深道：「不索哥哥說，洒家都依了。」當時趙員外相辭了長老，再別了眾人上轎，引了莊客，托了一乘空轎，取了盒子，下山回家去了。當下長老自引了眾僧回寺。

話說魯智深回到叢林選佛場中禪床上撲倒頭便睡。上下肩兩個禪和子推他起來，說道：「使不得；既要出家，如何不學坐禪？」智深道：「洒家自睡，干你甚事？」禪和子道：「善哉！」智深喝道：「團魚洒家也喫，甚麼『鱔哉』？」禪和子道：「卻是苦也！」智深便道：「團魚大腹，又肥甜了好喫，那得苦也？」上下肩禪和子都不睬他，縧他自睡了。次日，要去對長老說知智深如此無禮。首座勸道：「長老說道他後來證果非凡，我等皆不及他，只是護短。你們且沒奈何，休與他一般見識。」禪和子自去了。智深見沒人說他，每到晚便放翻身體，橫羅十字，倒在禪床上睡；夜間鼻如雷響；要起來淨手，大驚小怪，只在佛殿後撒尿撒屎，遍地都是。侍者稟長老說：「智深

好生無禮！全沒些個出家人禮面！叢林中如何安著得此等之人！」長老喝道：「胡說！且看檀越之面，後來必改。」自此無人敢說。

　　魯智深在五臺山寺中不覺攪了四五個月。時遇初冬天氣，智深久靜思動。當日晴明得好，智深穿了皂衣直裰，繫了鴉青絛，換了僧鞋，大踏步走出山門來，信步行到半山亭子上，坐在鵝頸懶凳上，尋思道：「干鳥麼！俺往常好肉每日不離口；如今教洒家做了和尚，餓得乾瘦了！趙員外這幾日又不使人送些東西來與洒家喫，口中淡出鳥來！這早晚怎地得些酒來喫也好！」正想酒哩，只見遠遠地一個漢子挑著一付擔桶，唱上山來，上蓋著桶蓋。那漢子手裏拿著一個鏇子，唱著上來；唱道：

　　九里山前作戰場，牧童拾得舊刀鎗。順風吹動烏江水，好似虞姬別霸王。

　　魯智深觀見那漢子挑擔桶上來，坐在亭子上看。這漢子也來亭子上，歇下擔桶。智深道：「兀那漢子，你那桶裏甚麼東西？」那漢子道：「好酒。」智深道：「多少錢

一桶？」那漢子道：「和尚，你真個也作是耍？」智深道：「洒家和你耍甚麼？」那漢子道：「我這酒，挑上去只賣與寺內火工道人、直廳、轎夫、老郎們，做生活的喫。本寺長老已有法旨：但賣與和尚們喫了，我們都被長老責罰，追了本錢，趕出屋去。我們見關著本寺的本錢，見住著本寺的屋宇，如何敢賣與你喫？」智深道：「真個不賣？」那漢子道：「殺了我也不賣！」智深道：「洒家也不殺你，只要問你買酒喫！」那漢子見不是頭，挑了擔桶便走。智深趕下亭子來，雙手拿住扁擔，只一腳，交襠踢著。那漢子雙手掩著，做一堆蹲在地下，半日起不得。智深把那兩桶酒都提在亭子上，地下拾起鏇子，開了桶蓋，只顧舀冷酒喫。無移時，兩桶酒喫了一桶。智深道：「漢子，明日來寺裏討錢。」那漢子方纔疼止，又怕寺裏長老得知，壞了衣飯，忍氣吞聲，那裏討錢，把酒分做兩半桶挑了，拿了鏇子，飛也似下山去了。

只說智深在亭子上坐了半日，酒卻上來；下得亭子松樹根邊又坐了半歇，酒越湧上來。智深把皂直裰褪膊下來，把兩隻袖子纏在腰裏，露出脊上花繡來，搧著兩個膀子上山來。看看來到山門下，兩個門子遠遠地望見，拿著竹篦，

來到山門下，攔住魯智深便喝道：「你是佛家弟子，如何喝得爛醉了上山來？你須不瞎，也見庫局裏貼著曉示：但凡和尚破戒喫酒，決打四十竹篦，趕出寺去；如門子縱容醉的僧人入寺，也喫十下。你快下山去，饒你幾下竹篦！」

魯智深一者初做和尚，二來舊性未改，睜起雙眼，罵道：「直娘賊！你兩個要打洒家，俺便和你廝打！」門子見勢頭不好，一個飛也似入來報監寺，一個虛拖竹篦攔他。智深用手隔過，張開五指，去那門子臉上只一掌，打得跟跟蹌蹌。卻待掙扎，智深再復一拳，打倒在山門下，只是叫苦。魯智深道：「洒家饒你這廝！」跟跟蹌蹌顛入寺裏來。

寺得門子報說，叫起老郎、火工、直廳、轎夫，三二十人，各執白木棍棒，從西廊下搶出來，卻好迎著智深。智深望見，大吼了一聲，卻似嘴邊起個霹靂，大踏步搶入來。眾人初時不知他是軍官出身，次後見他行得兇了，慌忙都退入藏殿裏去，便把亮隔關了。智深搶入階來，一拳、一腳，打開亮隔。二三十人都趕得沒路，奪條棒，從藏殿裏打將出來。監寺慌忙報知長老。長老聽得，急引了三五

個侍者直來廊下，喝道：「智深！不得無禮！」智深雖然
酒醉，卻認得是長老，撇了棒，向前來打個問訊，指著廊
下，對長老道：「智深喫了兩碗酒，又不曾撩撥他們，他
眾人又引人來打洒家。」長老道：「你看我面，快去睡了，
明日卻說。」魯智深道：「俺不看長老面，洒家直打死你
那幾個禿驢！」長老叫侍者扶智深到禪床上，撲地便倒了，
齁齁地睡了。

眾多職事僧人圍定長老，告訴道：「向日徒弟們曾諫
長老來，今日如何？本寺那容得這個野貓，亂了清規！」
長老道：「雖是如今眼下有些囉噪，後來卻成得正果。沒
奈何，且看趙員外檀越之面，容恕他這一番。我自明日叫
去埋怨他便了。」眾僧冷笑道：「好個沒分曉的長老！」
各自散去歇息。

次日，早齋罷，長老使侍者到僧堂裏坐禪處喚智深時，
尚兀自未起。待他起來，穿了直裰，赤著腳，一道煙走出
僧堂來。侍者喫了一驚，趕出外來尋時，卻走在佛殿後撒
屎。侍者忍笑不住，等他淨了手，說道：「長老請你說
話。」智深跟著侍者到方丈。長老道：「智深雖是個武夫

出身，今趙員外檀越剃度了你，我與你摩頂受記。教你：一不可殺生，二不可偷盜，三不可邪淫，四不可貪酒，五不可妄語──此五戒乃僧家常理。出家人第一不可貪酒。你如何夜來喫得大醉，打了門子，傷壞了藏殿上朱紅隔子，又把火工道人都打走了，口出喊聲，如何這般行為！」智深跪下道：「今番不敢了。」長老道：「既然出家。如何先破了酒戒，又亂了清規？我不看你施主趙員外面，定趕你出寺。再後休犯。」智深起來，合掌道：「不敢，不敢！」長老留住在方丈裏，安排早飯與他喫；又用好言語勸他；取一領細布直裰，一雙僧鞋，與了智深，教回僧堂去了。但凡飲酒，不可盡歡。常言「酒能成事，酒能敗事。」便是小膽的人喫了也胡亂做了大膽，何況性高的人！

再說這魯智深自從喫酒醉鬧了這一場，一連三四個月不敢出寺門去；忽一日，天氣暴煖，是二月間時令，離了僧房，信步踱出山門外立地，看著五臺山，喝采一回，猛聽得山下叮叮噹噹的響聲順風吹上山來。智深再回僧堂裏取了些銀兩揣在懷裏，一步步走下山來；出得那「五臺福地」的牌樓來看時，原來卻是一個市井，約有五七百戶人家。智深看那市鎮上時，也有賣肉的，也有賣菜的，也有

酒店、麵店。智深尋思道：「干呆麼！俺早知有這個去處，不奪他那桶酒喫，也早下來買些喫。這幾日熬的清水流，且過去看有甚東西買些喫。」聽得那響處卻是打鐵的在那裏打鐵。間壁十家門上寫著「父子客店。」

　　智深走到鐵匠鋪門前看時，見三個人打鐵。智深便問道：「兀那待詔，有好鋼鐵麼？」那打鐵的看魯智深腮邊新剃，暴長短鬚，戲戲地好滲瀨人，先有五分怕他。那待詔住了手，道：「師父請坐！要打甚麼生活？」智深道：「洒家要打條禪杖，一口戒刀。不知有上等好鐵麼？」待詔道：「小人這裏正有些好鐵。不知師父要打多少重的禪杖、戒刀？但憑分付。」智深道：「洒家只要打一條一百斤重的。」待詔笑道：「重了。師父，小人打怕不打了。只恐師父如何使得動？便是關王刀，也只有八十一斤。」智深焦躁道：「俺便不及關王！他也只是個人！」那待詔道：「小人據說，只可打條四五十斤的，也十分重了。」智深道：「便你不說，比關王刀，也打八十一斤的。」待詔道：「師父，肥了，不好看，又不中使。依著小人，好生打一條六十二斤水磨禪杖與師父。使不動時，休怪小人。戒刀已說了，不用分付。小人自用十分好鐵打造在此。」

智深道：「兩件家生要幾兩銀子？」待詔道：「不討價，實要五兩銀子。」智深道：「俺便依你五兩銀子，你若打得好時，再有賞你。」那待詔接了銀子道：「小人便打在此。」智深道：「俺有些碎銀子在這裏，和你買碗酒喫。」待詔道：「師父穩便。小人趕趁些生活，不及相陪。」

智深離了鐵匠人家，行不到三二十步，見一個酒望子挑出在房簷上。智深掀起簾子，入到裏面坐下，敲著桌子，叫道：「將酒來。」賣酒的主人家說道：「師父少罪。小人住的房屋也是寺裏的，本錢也是寺裏的。長老已有法旨：但是小人們賣酒與寺裏僧人喫了，便要追小人們的本錢，又趕出屋。因此，只得休怪。」智深道：「胡亂賣些與酒家喫，俺須不說是你家便了。」那店主人道：「胡亂不得，師父別處去喫，休怪休怪。」智深只得起身，便道：「洒家別處喫得，卻來和你說話！」出得店門，行了幾步，又望見一家酒旗兒直挑出在門前。智深一直走進去，坐下，叫道：「主人家，快把酒來賣與俺喫。」店主人道：「師父，你好不曉事！長老已有法旨，你須也知，卻來壞我們衣飯！」智深不肯動身。三回五次，那裏肯賣？智深情知不肯，起身又走，連走了三五家，都不肯賣。

　　智深尋思一計，「不生個道理，如何能彀酒喫？……」遠遠地杏花深處，市梢盡頭，一家挑出個草帚兒來。智深走到那裏看時，卻是個傍村小酒店。智深走入店裏來，靠窗坐下，便叫道：「主人家，過往僧人買碗酒喫。」莊家看了一看道：「和尚，你那裏來？」智深道：「俺是行腳僧人，遊方到此經過，要買碗酒喫。」莊家道：「和尚，若是五臺山寺裏師父，我卻不敢賣與你喫。」智深道：「洒家不是。你快將酒賣來。」莊家看見魯智深這般模樣，聲音各別，便道：「你要打多少酒？」智深道：「休問多少，大碗只顧篩來。」約莫也喫了十來碗，智深問道：「有甚肉？把一盤來喫。」莊家道：「早來有些牛肉，都賣沒了。」智深猛聞得一陣肉香，走出空地上看時，只見牆邊砂鍋裏煮著一隻狗在那裏。智深道：「你家見有狗肉，如何不賣與俺喫？」莊家道：「我怕你是出家人，不喫狗肉，因此不來問你。」智深道：「洒家的銀子有在這裏！」便摸銀子遞與莊家，道：「你且賣半隻與俺。」那莊家連忙取半隻熟狗肉，搗些蒜泥，將來放在智深面前。智深大喜，用手扯那狗肉蘸著蒜泥喫；一連又喫了十來碗酒。喫得口滑，那裏肯住。莊家倒都呆了，叫道：「和尚，只恁

地罷！」智深睜起眼道：「洒家又不白喫你的！管俺怎地？」莊家道：「再要多少？」智深道：「再打一桶來。」莊家只得又舀一桶來。智深無移時又喫了這桶酒。剩下一腳狗腿，把來揣在懷裏；臨出門，又道：「多的銀子，明日又來喫。」嚇得莊家目瞪口呆，罔知所措，看他卻向那五臺山上去了。

智深走到半山亭子上，坐下一回，酒卻湧上來；跳起身，口裏道：「俺好些時不曾拽拳使腳，覺道身體都困倦了。洒家且使幾路看！」下得亭子，把兩隻袖子搦在手裏，上下左右使了一回，使得力發，只一膀子搧在亭子柱上，只聽得刮刺刺一聲響亮，把亭子柱打折了，坍了亭子半邊，

門子聽得半山裏響，高處看時，只見魯智深一步一顛搶上山來。兩個門子叫道：「苦也！這畜生今番又醉得可不小！」便把山門關上，把拴拴了。只在門縫裏張時，見智深搶到山門下，見關了門，把拳頭擂鼓也似敲門。兩個門子那裏敢開？智深敲了一回，扭過身來，看了左邊的金剛，喝一聲道：「你這個鳥大漢，不替俺敲門，卻拿著拳頭嚇洒家！俺須不怕你！」跳上臺基，把柵剌子只一扳，

卻似撅蔥般扳開了；拿起一根折木頭，去那金剛腿上便打，簌簌地，泥和顏色都脫下來。門子張見道：「苦也！」只得報知長老。智深等了一會，調轉身來，看著右邊金剛，喝一聲道：「你這廝張開大口，也來笑洒家！」便跳過右邊臺基上，把那金剛腳上打了兩下。只聽得一聲震天價響，那尊金剛從臺基上倒撞下來。智深提著折木頭大笑。

兩個門子去報長老。長老道：「休要惹他，你們自去。」只見這首座、監寺、都寺並一應職事僧人都到方丈裏說：「這野貓今日醉得不好！把半山亭子、山門下金剛，都打壞了！如何是好？」長老道：「自古『天子尚且避醉漢』，何況老僧乎？若是打壞了金剛，請他的施主趙員外來塑新的；倒了亭子，也要他修蓋。這個且饒他。」眾僧道：「金剛乃是山門之主，如何把他換過？」長老道：「休說壞了金剛，便是打壞了殿上三世佛，也沒奈何，只得迴避他。你們見前日的行兇麼？」眾僧出得方丈，都道：「好個囫圇竹的長老！——門子，你且休開門，只在裏面聽。」深在外面大叫道：「直娘的禿驢們！不放洒家入寺時，山門外討把火來燒了這個鳥寺！」眾僧聽得，只得叫門子：「拽了大拴，饒那畜生入來！若不開時，真個做出

來！」門子只得捻腳捻手拽了拴，飛也似閃入房裏躲了，眾僧也各自迴避。

只說那魯智深雙手把山門盡力一推，撲地顛將入來，喫了一交；爬將起來，把頭摸一摸，直奔僧堂來。到得選佛場中。禪和子正打坐間，看見智深揭起簾子，鑽將入來，都喫一驚，盡低了頭。智深到得禪床邊，喉嚨裏咯咯地響，看著地下便吐。眾僧都聞不得那臭，個個道：「善哉！」齊掩了口鼻。智深吐了一回，爬上禪床，解下條，把直裰、帶子，都㗉㗉剝剝扯斷了，脫下那腳狗腿來。智深道：「好！好！正肚飢哩！」扯來便喫。眾僧看見，把袖子遮了臉。上下肩兩個禪和子遠遠地躲開。智深見他躲開，便扯一塊狗肉，看著上首的道：「你也到口！」上首的那和尚把兩隻袖子死掩了臉。智深道：「你不喫？」把肉望下首的禪和子嘴邊塞將去。那和尚躲不迭，卻待下禪床。智深把他劈耳朵揪住，將肉便塞。對床四五個禪和子跳過來勸時，智深撇了狗肉，提起拳頭，去那光腦袋上㗉㗉剝剝只顧鑿。滿堂僧眾大喊起來，都去櫃中取了衣缽要走。此亂喚做「捲堂大散」。首座那裏禁約得住。

　　智深一味地打將出來。大半禪客都躲出廊下來。監寺、都寺，不與長老說知，叫起一班職事僧人、點起老郎、火工道人、直廳、轎夫，約有一二百人，都執杖叉棍棒，盡使手巾盤頭，一齊打入僧堂來。智深見了，大吼一聲；別無器械，搶入僧堂裏佛面前，推翻供桌，撅了兩條桌腳，從堂裏打將出來。眾多僧行見他來得兇了，都拖了棒退到廊下。深智兩條桌腳著地捲將起來。眾僧早兩下合攏來。智深大怒，指東打西，指南打北；只饒了兩頭的。當時智深直打到法堂下，只見長老喝道：「智深！不得無禮！眾僧也休動手！」兩邊眾人被打傷了數十個，見長老來，各自退去。智深見眾人退散，撅了桌腳，叫道：「長老與洒家做主！」此時酒已七八分醒了。

　　長老道：「智深，你連累殺老僧！前番醉了一次，攪擾了一場，我教你兄趙員外得知，他寫書來與眾僧陪話；今番你又如此大醉無禮，亂了清規，打坍了亭子，又打壞了金剛，——這個且鬆他，你攪得眾僧捲堂而走，這個罪業非小！我這裏五臺山文殊菩薩道場，千百年清淨香火去處，如何容得你這等穢污！你且隨我來方丈裏過幾日，我安排你一個去處。」智深隨長老到方丈去。長老一面叫職

事僧人留住眾禪客，再回僧堂，自去坐禪；打傷了的和尚，自去將息。長老領智深方丈歇了一夜。

次日，真長老與首座商議，收拾了些銀兩齎發他，教他別處去，可先說與趙員外知道。長老隨即修書一封，使兩個直廳道人逕到趙員外莊上說知就裏，立等回報。趙員外看了來書，好生不然，回書來拜覆長老，說道：「壞了金剛、亭子，趙某隨即備價來來修。智深任從長老發遣。」

長老得了回書，便叫侍者取領皂巾直裰，一雙僧鞋，十兩白銀，房中喚過智深。長老道：「智深你前番一次大醉，鬧了僧堂，便是誤犯；今次又大醉，打壞了金剛，坍了亭子，捲堂鬧了選佛場，你這罪業非輕，又把眾禪客打傷了。我這裏出家，是個清淨去處。你這等做作，甚是不好。看你趙檀越面皮，與你這封書，投一個去處安身。我這裏決然安你不得了。我夜來看你，贈汝四句偈言，終身受用。」智深道：「師父，教弟子那裏去安身立命？願聽俺師四句偈言。」

真長老指著魯智深，說出這幾句言語，去這個去處，

有分教道人：笑揮禪杖，戰天下英雄好漢；怒掣戒刀，砍世上逆子讒臣。畢竟真長老與智深說出甚言語來，且聽下回分解。

第四回　小霸王醉入銷金帳　花和尚大鬧桃花村

　　話說當日智真長老道：「智深，你此間決不可住了。我有一個師弟，見在東京大相國寺住持，喚做智清禪師。我與你這封書去投他那裏討個職事僧做。我夜來看了，贈汝四句偈子，你可終身受用，記取今日之言。」

　　智深跪下道：「洒家願聽偈子。」

　　長老道：「遇林而起，遇山而富，遇水而興，遇江而止。」魯智深聽了四句偈子，拜了長老九拜，背了包裹、腰包、肚包，藏了書信，辭了長老並眾僧人，離了五臺山，逕到鐵匠間壁客店裏歇了，等候打了禪杖、戒刀，完備就行。寺內眾僧得魯智深去了，無一個不歡喜。長老教火工道人，自來收拾打壞了的金剛、亭子。過不得數日，趙員外自將若干錢物來五臺山，再塑起金剛，重修起半山亭子，不在話下。

　　再說這魯智深就客店裏住了幾日，等得兩件家生都已

完備，做了刀鞘，把戒刀插放鞘內；禪杖卻把漆來裹了。將些碎銀子賞了鐵匠，背上包裹，跨了戒刀，提了禪杖，作別了客店主人並鐵匠，行程上路。過往看了，果然是個莽和尚。

智深自離了五臺山文殊院，取路投東京來；行了半月之上，於路不投寺院去歇，只是客店內打火安身，白日間酒肆裏買喫。一日，正行之間，貪看山明水秀，不覺天色已晚，趕不上宿頭；路中又沒人作伴，那裏投宿是好；又趕了三二十里田地，過了一條板橋，遠遠地望見一簇紅霞，樹木叢中閃著一所莊院，莊後重重疊疊都是亂山。魯智深道：「只得投莊上去借宿。」逕奔到莊前看時，見數十個莊家，急急忙忙，搬東搬西。魯智深到莊前，倚了禪杖，與莊客唱個喏。

莊客道：「和尚，日晚來我莊上做甚的？」智深道：「洒家趕不上宿頭，欲借貴莊投宿一宵，明早便行。」莊客道：「我莊今晚有事，歇不得。」

智深道：「胡亂借洒家歇一夜，明日便行。」莊客道：

「和尚快走，休在這裏討死！」智深道：「也是怪哉；歇一夜打甚麼不緊，怎地便是討死？」

莊家道：「去便去，不去時便捉來縛在這裏！」魯智深大怒道：「你這廝村人好沒道理！俺又不曾說甚的，便要綁縛洒家！」

莊客也有罵的，也有勸的。魯智深提起禪杖，卻待要發作。只見莊裏走出一個老人來。魯智深看那老人時，年近六旬之上，拄一條過頭拄杖，走將出來，喝問莊客：「你們鬧甚麼？」莊客道：「可奈這個和尚要打我們。」

智深便道：「洒家是五臺山來的僧人，要上東京去幹事。今晚趕不上宿頭，借貴莊投宿一宵。莊家那廝無禮，要綁縛洒家。」

那老人道：「既是五臺山來的師父，隨我進來。」

智深跟那老人直到正堂上，分賓主坐下。那老人道：「師父休要怪，莊家們不省得師父是活佛去處來的，他作

尋常一例相看。老漢從來敬信佛天三寶。雖是我莊上今夜有事，權且留師父歇一宵了去。」智深將禪杖倚了，起身，唱個喏，謝道：「感承施主。洒家不敢動問貴莊高姓？」

老人道：「老漢姓劉。此間喚做桃花村。鄉人都叫老漢做桃花莊劉太公，敢問師父法名，喚做甚麼諱字？」智深道：「俺的師父是智真長老，與俺取了個諱字，因洒家姓魯，喚作魯智深。」太公道：「師父請喫些晚飯，不知肯喫葷腥也不？」魯智深道：「洒家不忌葷酒，遮莫甚麼渾清白酒都不揀選；牛肉、狗肉，但有便喫。」太公道：「既然師父不忌葷酒，先叫莊客取酒肉來。」沒多時，莊客掇張桌子，放下一盤牛肉，三四樣菜蔬，一雙筷，放在魯智深面前。智深解下腰包、肚包，坐定　那莊客旋了一壺酒，拿一隻盞子，篩下酒與智深喫。這魯智深也不謙讓，也不推辭，無一時，一壺酒、一盤肉，都喫了，太公對席看見，呆了半晌　莊客搬飯來，又喫了。

抬過桌子。太公分付道：「胡亂教師父在外面耳房中歇一宵。夜間如若外面熱鬧，不可出來窺望。」智深道：「敢問貴莊今夜有甚事？」太公道：「非是你出家人閒管

的事。」智深道：「太公，緣何模樣不甚喜歡？莫不怪洒家來攪擾你麼？明日洒家算還你房錢便了。」太公道：「師父聽說：我家時常齋僧布施，那爭師父一個？只是我家今夜小女招夫，以此煩惱。」魯智深呵呵大笑道：「男大須婚，女大須嫁，這是人倫大事，五常之禮，何故煩惱？」太公道：「師父不知，這頭親事不是情願與的。」智深大笑道：「太公，你也是個癡漢！既然不兩相情願，如何招贅做個女婿？」太公道：「老漢只有這個小女，如今方得一十九歲，被此間有座山，喚做桃花山，近來山上有兩個大王，紮了寨柵，聚集著五七百人，打家劫舍，此間青州官軍捕盜，禁他不得；因來老漢莊上討進奉，見了老漢女兒，撇下二十兩金子，一疋紅錦為定禮，選著今夜好日，晚間來入贅。老漢莊上又和他爭執不得，只得與他。因此煩惱。非是爭師父一個人。」

智深聽了道：「原來如此！洒家有個道理教他回心轉意，不要娶你女兒，如何？」

太公道：「他是個殺人不眨眼魔君，你如何能彀得他回心轉意？」

智深道：「洒家在五臺山真長老處學得說因緣，便是鐵石人也勸得他轉。今晚可教你女兒別處藏了。俺就你女兒房內說因緣勸他，便回心轉意。」

太公道：「好卻甚好，只是不要捋虎鬚。」智深道：「洒家的不是性命？你只依著俺行。」太公道：「卻是好也！我家有福，得遇這個活佛下降！」莊客聽得，都喫一驚。太公問智深：「再要飯喫麼？」智深道：「飯便不要喫，有酒再將些來喫。」太公道：「有！有！」隨即叫莊客取一隻熟鵝，大碗斟將酒來，叫智深盡意喫了三二十碗。那隻熟鵝也喫了。叫莊客將了包裹，先安放房裏；提了禪杖，帶了戒刀，問道：「太公，你的女兒躲過了不曾？」太公道：「老漢已把女兒寄送在鄰舍莊裏去了。」智深道：「引洒家新婦房裏去。」太公引至房邊，指道：「這裏面便是。」智深道：「你們自去躲了。」太公與眾莊客自出外面安排筵席。智深把房中桌椅等物都掇過了；將戒刀放在床頭，禪杖把來倚在床邊；把銷金帳下了，脫得赤條條地，跳上床去坐了。

太公見天色看看黑了，叫莊客前後點起燈燭熒煌，就打麥場上放下一條桌子，上面擺著香花燈燭。一面叫莊客大盤盛著肉，大壺溫著酒。約莫初更時分，只聽得山邊鑼鳴鼓響。這劉太公懷著胎鬼，莊家們都捏著兩把汗，盡出莊門外看時，只見遠遠地四五十火把，照耀如同白日，一簇人飛奔莊上來。劉太公看見，便叫莊客大開莊門，前來迎接，只見前遮後擁，明晃晃的都是器械旗鎗，盡把紅綠絹帛縛著；小嘍囉頭上亂插著野花；前面擺著四五對紅紗燈籠，照著馬上那個大王；頭戴撮尖乾紅凹面巾，鬢旁邊插一枝羅帛像生花，上穿一領圍虎體挽狨金繡綠羅袍，腰繫一條狼身銷金包肚紅搭膊，著一雙對掩雲跟牛皮靴，騎一匹高頭捲毛大白馬。那大王來到莊前下了馬。只見眾小嘍囉齊聲賀道：「帽兒光光，今夜做個新郎；衣衫窄窄，今夜做個嬌客。」劉太公慌忙親捧臺盞，斟下一杯好酒，跪在地下。眾莊客都跪著。那大王把手來扶，道：「你是我的丈人，如何倒跪我？」太公道：「休說這話，老漢只是大王治下管的人戶。」那大王已有七八分醉了，呵呵大笑道：「我與你做個女婿，也不虧負了你。你的女兒匹配我，也好。」劉太公把了下馬杯。來到打麥場上，見了花香燈燭，便道：「泰山，何須如此迎接？」那裏又飲了三

杯。來到廳上，喚小嘍囉，教把馬去繫在綠楊樹上。小嘍囉把鼓樂就廳前擂將起來。

大王上廳坐下，叫道：「丈人，我的夫人在那裏？」大公道：「便是怕羞不敢出來。」大王笑道：「且將酒來，我與丈人回敬。」那大王把了一杯，便道：「我且和夫人廝見了，卻來喫酒未遲。」那劉太公一心只要那和尚勸他，便道：「老漢自引大王去。」擎了燭臺，引著大王，轉入屏風背後，直到新人房前。太公指與道：「此間便是，請大王自入去。」太公拿了燭臺一直去了。未知凶吉如何，先辦一條走路。

那大王推開房門，見裏面黑洞洞地。大王道：「你看，我那丈人是個做家的人：房裏也不點盞燈，鏇我那夫人黑地裏坐地。明日叫小嘍囉山寨裏扛一桶好油來與他點。」

魯智深坐在帳子裏，都聽得，忍住笑，不做一聲。那大王摸進房中，叫道：「娘子，你如何不出來接我？你休要怕羞，我明日要你做壓寨夫人。」一頭叫娘子，一頭摸來摸去；一摸摸著金帳子，便揭起來　探一隻手入去摸時，

摸著魯智的肚皮；被魯智深就勢劈頭巾角揪住，一按按將下床來。那大王卻掙扎。魯智深右手捏起拳頭，罵一聲：「直娘賊！」連耳根帶脖子只一拳。那大王叫一聲道：「甚麼便打老公！」

魯智深喝道：「教你認得老婆！」拖倒在床邊，拳頭腳尖一齊上，打得大王叫「救人！」劉太公驚得呆了；只道這早晚說因緣勸那大王，卻聽得裏面叫救人。太公慌忙把著燈燭，引了小嘍囉，一齊搶將入來。眾人燈下打一看時，只見一個胖大和尚，赤條條不著一絲，騎翻大王在床面前打。為頭的小嘍囉叫道：「你眾人都來救大王！」眾小嘍囉一齊拖槍拽棒入來救時，魯智深見了，撇下大王，床邊綽了禪杖，著地打將起來。小嘍囉見來得兇猛，發聲喊，都走了。劉太公只管叫苦。

打鬧裏，那大王爬出房門，奔到門前，摸著空馬，樹上析枝柳條，托地跳在馬背上，把鞭條便打那馬，卻跑不去。大王道：「苦也！這馬也來欺負我！」再看時，原來心慌，不曾解得韁繩，連忙扯斷了，騎著馬飛走。出得莊門，大罵劉太公：「老驢休慌！不怕你飛了去！」把馬打

上兩柳條，撥喇喇地駐了大王山上去。

劉太公扯住魯智深，道：「師父！你苦了老漢一家兒了！」魯智深說道：「休怪無禮。且取衣服和直裰來，洒家穿了說話。」莊家去房裏取來，智深穿了。太公道：「我當初只指望你說因緣，勸他回心轉意，誰想你便下拳打他這一頓。定是去報山寨裏大隊強人來殺我家！」智深道：「太公休慌，俺說與你：洒家不是別人，俺是延安府老种經略相公帳前提轄官。為因打死了人，出家做和尚。休道這兩個鳥人，便是一二千軍馬來，洒家也不怕他。你們眾人不信時，提俺禪杖看。」莊客們那裏提得動？智深接過手裏，一似撚燈草一般使起來。太公道：「師父休要走了去，卻要救護我們一家兒使得！」智深道：「甚麼閒話！俺死也不走！」太公道：「且將些酒來師父喫，休得要抵死醉了。」魯智深道：「洒家一分酒，只有一分本事；十分酒便有十分氣力！」太公道：「恁地時最好。我這裏有的是酒肉，只顧教師父喫。」

且說這桃花山大頭領坐在寨裏，正欲差人下山來打聽做女婿的二頭領如何，只見數個小嘍囉，氣急敗壞，走到

山寨裏叫道：「苦也！苦也！」大頭領連忙問道：「有甚麼事，慌做一團？」小嘍囉道：「二哥哥喫打壞了！」大頭領大驚。正問備細，只見報道：「二哥哥來了！」大頭領看時，只見二頭領紅巾也沒了，身上綠袍扯得粉碎，下得馬，倒在廳前，口裏說道：「哥哥救我一救！」只得一句。大頭領問道：「怎麼來？」二頭領道：「兄弟下得山，到他莊上，入進房裏去，叵耐那老驢把女兒藏過了，卻教一個胖大和尚躲在女兒床上。我卻不提防，揭起帳子摸一摸，喫那廝揪住，一頓拳頭腳尖，打得一身傷損！那廝見眾人來救應，放了手，提起禪杖，打將出去；因此，我得脫了身，拾得性命。哥哥與我做主報讎！」大頭領道：「原來恁地。你去房中將息，我與你去拿那賊禿來。」喝叫左右：「快備我的馬來！眾小嘍囉都去！」大頭領上了馬，綽鎗在手，盡數引了小嘍囉，一齊吶喊下山來。

再說魯智深正喫酒哩。莊客報道：「山上大頭領盡數都來了！」智深道：「你等休慌。洒家但打翻的，你們只顧縛了，解去官司請賞。取俺的戒刀出來。」魯智深把直裰脫了，拽扎起下面衣服，跨了戒刀，大踏步，提了禪杖，出到打麥場上。只見大頭領在火把叢中，一騎馬搶到莊前，

馬上挺著長鎗，高聲喝道：「那禿驢在那裏？早早出來決個勝負！」智深大怒，罵道：「腌臢打脊潑才！叫你認得洒家！」輪起禪杖，著地捲起來。那大頭領逼住鎗，大叫道：「和尚，且休要動手。你的聲音好廝熟。你且通個姓名。」魯智深道：「洒家不是別人，老种經相公帳前提轄魯達的便是。如今出了家做和尚，喚作魯智深。」那大頭領呵呵大笑，滾下馬，撇了槍，撲翻身便拜，道：「哥哥別來無恙。可知二哥著了你手！」魯智深只道賺他，托地跳退數步，把禪杖收住；定睛看時，火把下，認得不是別人，卻是江湖上使鎗棒賣藥的教頭打虎將李忠。——原來強人「下拜」，不說此二字，為軍中不利；只喚作「翦拂」，此乃吉利的字樣。李忠當下翦拂了起來，扶住魯智深，道：「哥哥緣何做了和尚？」智深道：「且和你到裏面說話。」劉太公見了，又只叫苦：「這和尚原來也是一路！」

魯智深到裏面，再把直裰穿了，和李忠都到廳上敘舊。魯智深坐在正面，喚劉太公出來。那老兒不敢向前。智深道：「太公，休怕他，他是俺的兄弟。」那老兒見說是「兄弟」，心裏越慌，又不敢不出來。李忠坐了第二位；

太公坐了第三位。魯智深道：「你二位在此：俺自從渭州三拳打死了鎮關西，逃走到代州雁門縣，因見了洒家齎發他的金老。那老兒不曾回東京去，卻隨個相識也在雁門縣住。他那個女兒就與了本處一個財主趙員外。和俺廝見了，好生相敬。不想官司追捉得洒家甚緊，那員外陪錢送俺去五臺山智真長老處落髮為僧。洒家因兩番酒後鬧了僧堂，本師長老與俺一封書，教洒家去東京大相國寺投了智清禪師討個職事僧做。因為天晚，到這莊上投宿。不想與兄弟相見。卻纔俺打的那漢是誰？你如何又在這裏？」李忠道：「小弟自從那日與哥哥在渭州酒樓上同史進三人分散，次日聽得說哥哥打死了鄭屠。我去尋史進商議，他又不知投那裏去了。小弟聽得差人緝捕，慌忙也走了，卻從這山下經過。卻纔被哥哥打的那漢，先在這裏桃花山紮寨，喚作小霸王周通，那時引人下山來和小弟廝殺，被我贏了他，留小弟在山上為寨主，讓第一把交椅教小弟坐了；以此在這裏落草。」智深道：「既然兄弟在此，劉太公這頭親事再也休題；他只有這個女兒，要養終身；不爭被你把了去，教他老人家失所。」太公見說了，大喜，安排酒食出來管待二位。小嘍囉們每人兩個饅頭，兩塊肉，一大碗酒都教喫飽了。太公將出原定的金子緞疋。魯智深道：「李家兄

弟，你與他收了去。這件事都在你身上。」李忠道：「這個不妨事。且請哥哥去小寨住幾時。劉太公也走一遭。」

太公叫莊客安排轎子，抬了魯智深，帶了禪杖、戒刀、行李。李忠也上了馬。太公也乘了一乘小轎。卻早天色大明，眾人上山來。智深、太公來到寨前，下了轎子。李忠也下了馬，邀請智深入到寨中，向這聚義廳上，三人坐定。李忠叫請周通出來。周通見了和尚，心中怒道：「哥哥卻不與我報讎，倒請他來寨裏，讓他上面坐！」李忠道：「兄弟，你認得這和尚麼？」周通道：「我若認得他時，須不喫他打了。」李忠笑道：「這和尚便是我日常和你說的三拳打死鎮關西的便是他。」周通把頭摸一摸，叫聲「阿呀！」撲翻身便翦拂。魯智深答禮道：「休怪衝撞。」三個坐定，劉太公立在面前。魯智深便道：「周家兄弟，你來聽俺說：劉太公這頭親事，你卻不知：他只有這個女兒，養老送終，承祀香火，都在他身上。你若娶了，教他老人家失所，他心裏怕不情願。你依著洒家，把他棄了，別選一個好的。原定的金子緞疋將在這裏。你心下如何？」周通道：「並聽大哥言語，兄弟再不敢登門。」智深道：「大丈夫作事卻休要翻悔。」周通折箭為誓。劉太公拜謝

了，納還金子緞疋，自下山回莊去了。

李忠、周通椎牛宰馬，安排筵席，管待了數日。引魯智深山前山後觀看景致。果是好座桃花山：生得兇怪，四圍險峻，單單只一條路上去，四下裏漫漫都是亂草。智深看了道：「果然好險隘去處！」住了幾日，魯智深見李忠、周通不是個慷慨之人，作事慳吝，只要下山。兩個苦留，那裏肯住？只推道：「俺如今既出了家，如何肯落草。」李忠、周通道：「哥哥既然不肯落草，要去時，我等明日下山，但得多少，盡送與哥哥作路費。」次日，山寨裏面殺羊宰豬，且做送路筵席，安排整頓許多金銀酒器，設放在桌上。正待入席飲酒，只見小嘍囉報來說：「山下有兩輛車，十數個人來也！」李忠、周通見報了，點起眾多小嘍囉，只留一二個伏侍魯智深飲酒。兩個好漢道：「哥哥，只顧請自在喫幾杯。我兩個下山去取得財來，就與哥哥送行。」分付已罷，引領眾人下山去了。

且說魯智深尋思道：「這兩個人好生慳吝！見放著有許多金銀，卻不送與俺；直等要去打劫得別人的，送與洒家！這個不是把官路當人情，只苦別人？洒家且教這廝喫

俺一驚！」便喚這幾個小嘍囉近前來篩酒喫。方纔喫得兩盞，跳起身來，兩拳打翻兩個小嘍囉，便解搭膊做一塊兒綑了，口裏都塞了些麻核桃。便取出包裹打開，沒緊要的都撇了，只拿了桌上的金銀酒器，都踏匾了，拴在包裹；胸前度牒袋內，藏了真長老的書信；跨了戒刀，提了禪杖，頂了衣包，便出寨來。到山後打一望時，都是險峻之處，卻尋思道：「洒家從前山去，一定喫那廝們撞見，不如就此間亂草處滾將下去。」先把戒刀和包裹拴了，望下丟落去；又把禪杖也攛落去；卻把身望下只一滾，骨碌碌直滾到山腳邊，並無傷損；跳將起來，尋了包裹，跨了戒刀，拿了禪杖，拽開腳步，取路便走。

再說李忠、周通下到山邊，正迎著那數十個人，各有器械。李忠、周通挺著鎗，小嘍囉吶著喊，搶向前來，喝道：「兀那客人，會事的留下買路錢！」那客人內有一個便撚著朴刀來斬李忠。一來一往，一去一回，鬥了十餘合，不分勝負。周通大怒，趕向前來，喝一聲，眾小嘍囉一齊都上，那夥客人抵當不住，轉身便走；有那走得遲的，早被搠死七八個。劫了車子財物，和著凱歌，慢慢地上山來。到得寨裏打一看時，只見兩個小嘍囉綑做一塊在亭柱邊，

桌子上金銀酒器都不見了。周通解了小嘍囉，問其備細：「魯智深那裏去了？」小嘍囉說道：「把我兩個打翻綑縛了，捲了若干器皿，都拿去了。」周通道：「這賊禿不是好人！倒著了那廝手腳！卻從那裏去了？」團團尋蹤跡到後山，見一帶荒草平平地都滾倒了。周道看了便道：「這禿驢倒是個老賊！這險峻山岡，從這裏滾了下去！」李忠道：「我們趕上去問他討，也羞那廝一場！」周通道：「罷，罷！賊去關門，那裏去趕？便趕得著時，也問他取不成。倘有些不然起來，我和你又敵他不過，後來倒難廝見了；不如罷手，後來倒好相見。我們且自把車子上包裹打開，將金銀段疋分作三分，我和你各提一分，一分賞了眾小嘍囉。」李忠道：「是我不合引他上山，折了你許多東西，我的這一分都與了你。」周通道：「哥哥，我和你同死同生，休恁地計較。」看官牢記話頭：這李忠、周通，自在桃花山打劫。

※※※

再說魯智深離了桃花山，放開腳步，從早晨直走到午後，約莫走了五六十里多路，肚裏又飢，路上又沒個打火

處，尋思：「早起只顧貪走，不曾喫得些東西，卻投那裏去好？」東觀西望，猛然聽得遠遠地鈴鐸之聲。魯智深聽得道：「好了！不是寺院，便是宮觀：風吹得簷前鈴鐸之聲。洒家且尋去那裏投奔。」

不是魯智深投那個去處，有分教：半日裏送了十餘條性命生靈；一把火燒了有名的靈山古跡。直教：黃金殿上生紅燄，碧玉堂前起黑煙。畢竟魯智深投甚麼寺觀來，且聽下回分解。

第五回　九紋龍翦徑赤松林　魯智深火燒瓦官寺

　　話說魯智深走過數個山坡，見一座大松林，一條山路；隨著那山路行去，走不得半里，抬頭看時，卻見一所敗落寺院，被風吹得鈴鐸響；看那山門時，上有一面舊朱紅牌額，內有四個金字，都昏了，寫著「瓦官之寺」。又行不得四五十步，過座石橋，入得寺來，便投知客寮去。只見知客寮門前，大門也沒了，四圍壁落全無。智深尋思道：「這個大寺，如何敗落得恁地？」直入方丈前看時，只見滿地都是燕子糞，門上一把鎖鎖著，鎖上盡是蜘蛛網。智深把禪杖就地下搠著，叫道：「過往僧人來投齋。」叫了半日，沒一個答應。回到香積廚下看時，鍋也沒了，灶頭都塌了。智深把包裹解下，放在監齋使者面前，提了禪杖，到處尋去；尋到廚房後面一間小屋，見幾個老和尚坐地，一個個面黃肌瘦。智深喝一聲道：「你們這和尚好沒道理！由洒家叫喚，沒一個應！」那和尚搖手道：「不要高聲！」智深道：「俺是過往僧人，討頓飯喫，有甚利害？」老和尚道：「我們三日不曾有飯落肚，那裏討飯與你喫？」智深道：「俺是五臺山來的僧人，粥也胡亂請洒家喫半碗。」

老和尚道：「你是活佛去處來的，我們合當齋你；爭奈我寺中僧眾走散，並無一粒齋糧。老僧等端的餓了三日！」智深道：「胡說！這等一個大去處，不信沒齋糧？」老和尚道：「我這裏是個非細去處；只因是十方常住，被一個雲遊和尚引著一個道人來此住持，把常住有的沒的都毀壞了。他兩個無所不為，把眾僧趕出去了。我幾個老的走不動，只得在這裏過，因此沒飯喫。」智深道：「胡說！量他一個和尚，一個道人，做得甚麼事？卻不去官府告他？」老和尚道：「師父你不知：這裏衙門又遠，便是官軍也禁不得他。他這和尚、道人好生了得，都是殺人放火的人！如今向方丈後面一個去處安身。」智深道：「這兩個喚做甚麼？」老和尚道：「那和尚姓崔，法號道成，綽號『生鐵佛』；道人姓邱，排行小乙，綽號『飛天夜叉』。這兩個那裏似個出家人，只是綠林中強賊一般，把這出家影占身體！」

智深正問間，猛聞得一陣香來。智深提了禪杖，趲過後面打一看時，見一個土灶，蓋著一個草蓋，氣騰騰透將進來。智深揭起看時，煮著鍋粟米粥。智深罵道：「你這幾個老和尚沒道理！只說三日沒飯喫，如今見煮一鍋粥。

出家人何故說謊？」那幾個老和尚被智深尋出粥來，只得叫苦；把碗、碟、缽頭、杓子、水桶都搶過了。智深肚飢，沒奈何；見了粥，要喫；沒做道理處，只見灶邊破漆春檯只有些灰塵在上面。智深見了，「人急智生」，便把禪杖倚了，就灶邊拾把草，把春檯揩抹了灰塵；雙手把鍋掇起來，把粥望替檯只一傾。那幾個老和尚都來搶粥喫，被智深一推一交，倒的倒了，走的走了。智深卻把手來捧那粥喫。纔喫幾口，那老和尚道：「我等端的三日沒飯喫！卻纔去那裏抄化得這這些粟米，胡亂熬些粥喫，你又喫我們的！」智深喫了五七口，聽得了這話，便撇了不喫。只聽得外面有人嘲歌。智深洗了手，提了禪杖，出來看時，破壁子裏望見一個道人，頭戴皂巾，身穿布衫，腰繫雜色條，腳穿麻鞋，挑著一擔兒，一頭是個竹籃兒，裏面露出魚尾，並荷葉托著些肉；一頭擔著一瓶酒，也是荷葉蓋著。口裏嘲歌著唱道：

你在東時我在西，你無男子我無妻。

我無妻時猶閒可，你無夫時好孤悽！

那幾個老和尚趕出來，搖著手，悄悄地指與智深，道：「這個道人便是飛天夜叉邱小乙！」智深見指說了，便提著禪杖，隨後跟去。那道人不知智深在後面跟去，只顧走入方丈後牆裏去。智深隨即跟到裏面，看時，見綠槐樹下放著一條桌子，鋪著些盤饌，三個盞子，三雙筷子。當中坐著一個胖和尚，生得眉如漆刷，臉似墨裝，疙瘩的一身橫肉，胸脯下露出黑肚皮來。邊廂坐著一個年幼婦人。那道人把竹籃放下來，也來坐地。

智深走到面前，那和尚喫了一驚，跳起身來便道：「請師兄坐，同喫一盞。」智深提著禪杖道：「你這兩個如何把寺來廢了！」那和尚便道：「師兄請坐，聽小僧——」智深睜著眼道：「你說！你說！」「——說：在先敝寺十分好個去處，田莊又廣，僧眾極多，只被廊下那幾個老和尚喫酒撒潑，將錢養女，長老禁約他們不得，又把長老排告了出去；因此把寺來都廢了，僧眾盡皆走散，田土已都賣了。小僧卻和這個道人新來住持此間，正欲要整理山門，修蓋殿宇。」智深道：「這婦人是誰？卻在這裏喫酒！」那和尚道：「師兄容稟：這個娘子，他是前村王有金的女兒。在先他的父親是本寺檀越，如今消乏了家私，

近日好生狼狽，家間人口都沒了，丈夫又患了病，因來敝寺借米。小僧看施主檀越之面，取酒相待，別無他意。師兄休聽那幾個老畜生說！」智深聽了他這篇話，又見他如此小心，便道：「叵耐幾個老僧戲弄洒家！」提了禪杖再回香積廚來。這幾個老僧方纔喫些粥，正在那裏。看見智深忿忿的出來，指著老和尚，道：「原來是你這幾個壞了常住，猶自在俺面前說謊！」老和尚們一齊都道：「師兄休聽他說。見今養一個婦女在那裏！他恰纔見你有戒刀、禪杖，他無器械，不敢與你相爭。你若不信時，再去走遭，看他和你怎地。師兄，你自尋思：他們喫酒喫肉，我們粥也沒的喫，恰纔還只怕師兄喫了。」智深道：「說得也是。」倒提了禪杖，再往方丈後來，見那角門卻早關了。智深大怒，只一腳踢開了，搶入裏面看時，只見那生鐵佛崔道成仗著一條朴刀，從裏面趕到槐樹下來搶智深。智深見了，大吼一聲，輪起手中禪杖，來鬥崔道成。兩個鬥了十四五合，那崔道成鬥智深不過，只有架隔遮攔，掣仗躲閃，抵當不住，卻待要走。這邱道人見他當不住，卻從背後拿了條朴刀，大踏步搠將來。智深正鬥間，忽聽得背後腳步響，卻又不敢回頭看他，不時見一個人影來，知道有暗算的人，叫一聲：「著！」那崔道成心慌，只道著他禪

杖，托地跳出圈子外去。智深恰纔回身，正好三個摘腳兒廝見。崔道成和邱道人兩個又併了十合之上。智深一來肚裏無食，二來走了許多程途，三者當不得他兩個生力；只得賣個破綻，拖了禪杖便走。兩個撚著朴刀直殺出山門來。智深又鬥了幾合，掣了禪杖便走。兩個趕到石橋下，坐在欄干上，再不來趕。

智深走得遠了，喘息方定，尋思道：「洒家的包裹放在監齋使者面前，只顧走來，不曾拿得，路上又沒一分盤纏，又是飢餓，如何是好？」待要回去，又敵他不過。「他兩個併我一個，枉送了性命。」信步望前面去，行一步，懶一步。走了幾里，見前面一個大林，都是赤松樹。魯智深看了道：「好座猛惡林子！」觀看之間，只見樹影裏一個人探頭探腦，望了一望，吐了一口唾，閃入去了。智深道：「俺猜這個撮鳥，是個窮徑的強人，正在此間等買賣，見洒家是個和尚，他道不利市，吐了一口唾，走入去了。那廝卻不是鳥晦氣！撞了洒家，洒家又一肚皮鳥氣，正沒處發落，且剝這廝衣裳當酒喫！」提了禪杖，逕搶到松林邊，喝一聲：「兀那林子裏的撮鳥！快出來！」

　　那漢子在林子聽得，大笑道：「我晦氣，他倒來惹我！」就從林子裏，拿著朴刀，背翻身跳出來，喝一聲：「禿驢！你自當死！不是我來尋你！」智深道：「教你認得洒家！」輪起禪杖搶那漢。那漢撚著朴刀來鬥和尚，恰待向前，肚裏尋思道：「這和尚聲音好熟。」便道：「兀那和尚，你的聲音好熟。你姓甚？」智深道：「俺且和你鬥三百合卻說姓名！」那漢大怒，仗手中朴刀，來迎禪杖。兩個鬥到十數合後，那漢暗暗喝采道：「好個莽和尚！」又鬥了四五合，那漢叫道：「少歇，我有話說。」兩個都跳出圈子外來。那漢便問道：「你端的姓甚名誰？聲音好熟。」智深說姓名畢，那漢撇了朴刀，翻身便蹲拂，說道：「認得史進麼？」智深笑道：「原來是史大郎！」兩個再蹲拂了，同到林子裏坐定。智深問道：「史大郎，自渭州別後，你一向在何處？」史進答道：「自那日酒樓前與哥哥分手，次日，聽得哥哥打死了鄭屠，逃走去了，有緝捕的訪知史進和哥哥齎發那唱的金老，因此，小弟亦便離了渭州，尋師父王進。直到延州，又尋不著。回到北京住了幾時，盤纏使盡，以此來在這裏尋些盤纏。不想得遇。哥哥緣何做了和尚？」智深把前面過的話從頭說了一遍。

史進道：「哥哥既肚饑，小弟有乾肉燒餅在此。」便取出來教智深喫。史進又道：「哥哥既有包裹在寺內，我和你討去。若還不肯時，一發結果了那廝？」智深道：「是。」當下和史進喫得飽了，各拿了器械，再回瓦官寺來。到寺前，看見那崔道成、邱小乙兩個兀自在橋上坐地。智深大喝一聲道：「你這廝們，來！來！今番和你鬥個你死我活！」那和尚笑道：「你是我手裏敗將，如何再敢廝併！」智深大怒，輪起鐵禪杖，奔過橋來；生鐵佛生嗔，仗著朴刀，殺下橋去。智深一者得了史進，肚裏膽壯；二乃喫得飽了，那精神氣力越使得出來。兩個鬥到八九合，崔道成漸漸力怯，只辦得走路。那飛天夜叉邱道人見了和尚輸了，便仗著朴刀來協助。這邊史進見了，便從樹林裏跳將出來，大喝一聲：「都不要走！」掀起笠兒，挺著朴刀，來戰邱小乙。——四個人兩對廝殺。智深與崔道成正鬥到深澗裏，智深得便處，喝一聲「著！」，只一禪杖，把生鐵佛打下橋去。那道人見倒了和尚，無心戀戰，賣個破綻便走。史進喝道：「那裏去！」趕上，望後心一朴刀，撲地一聲響，道人倒在一邊。史進踏入去，掉轉朴刀，望下面只顧肐肢肐察的搠。智深趕下橋去，把崔道成背後一禪杖。可憐兩個強徒，化作南柯一夢。

　　智深史進把這邱小乙、崔道成兩個屍首都縛了攛在澗裏。兩個再趕入寺裏來，香積廚下拿了包裹。那幾個老和尚因見智深輸了去，怕崔道成、邱小乙來殺他，已自都吊死了。智深、史進直走入方丈角門內看時，那個擄來的婦人投井而死；直尋到裏面八九間小屋，打將入去，並無一人，只見床上三四包衣服。史進打開，都是衣裳，包了些金銀，揀好的包了一包袱。尋到廚房，見魚及酒肉，兩個打水燒火，煮熟來，都喫飽了。兩個各背包裹，灶前縛了兩個火把，撥開火爐，火上點著，焰騰騰的，先燒著後面小屋；燒到門前，再縛幾個火把，直來佛殿下後簷點著燒起來，湊巧風緊，刮刮雜雜地火起，竟天價火起來。

　　智深與史進看著，等了一回，四下火都著了。二人道：「『梁園雖好，不是久戀之家』；俺二人只好撇開。」

　　二人廝趕著行了一夜。天色微明，兩個遠遠地見一簇人家，看來是個村鎮。兩個投那村鎮上來。獨木橋邊一個小小酒店，智深、史進來到村中酒店內，一面喫酒，一面叫酒保買些肉來，借些米來，打火做飯。兩個喫酒，訴說

路上許多事務。喫了酒飯，智深便問史進道：「你今投那裏去？」史進道：「我如今只得再回少華山去奔投朱武等三人入了夥，且過幾時，卻再理會。」智深見說了道：「兄弟，也是。」便打開包裹，取些酒器，與了史進。二人拴了包裹，拿了器械，還了酒錢。二人出得店門，離了村鎮，又行不過五七里，到一個三岔路口。智深道：「兄弟，須要分手。洒家投東京去。你休相送。你到華州，須從這條路去。他日卻得相會。若有個便人，可通個信息來往。」史進拜辭了智深，各自分了路。史進去了。

※※※

只說智深自往東京，在路又行了八九日，早望見東京。入得城來，但見街坊熱鬧，人物喧嘩。來到城中，陪個小心，問人道：「大相國寺在何處？」街坊人答道：「前面州橋便是。」

智深提了禪杖便走，早進得寺來；東西廊下看時，逕投知客寮內去。道人撞見，報與知客。無移時，知客僧出來，見了智深生得兇猛，提著鐵禪杖，跨著戒刀。背著個

121

大包裹，先有五分懼他。

知客問道：「師兄何方來？」智深放下包裹、禪杖，唱個喏。知客回了問訊。

智深說道：「洒家五臺山來。本師真長老有書在此，著俺來投上剎清大師長老處討個職事僧做。」

知客道：「既是真大師長老有書劄，合當同到方丈裏去。」知客引了智深，直到方丈，解開包裹，取出書來，拿在手裏。

知客道：「師兄，你如何不知體面？即刻長老出來，你可解了戒刀，取出那七條坐具信香來，禮拜長老使得。」智深道：「你如何不早說！」隨即解了戒刀，包裹內取出信香一炷，坐具七條，半晌沒做道理處。知客又與他披了袈裟，教他先鋪坐具。

少刻，只見智清禪師出來。

　　知客向前稟道：「這僧人從五臺山來，有真禪師書在此。」清長老道：「師兄多時不曾有法帖來。」知客叫智深道：「師兄，快來禮拜長老。」只見智深卻把那炷香沒放處。知客忍不住笑，與他插在爐內。拜到三拜，知客叫住，將書呈上。清長老接書拆開看時，中間備細說著魯智深出家緣由並今下山投託上剎之故，「萬望慈悲收錄，做個職事人員，切不可推故。此僧久後必當證果。」清長老讀罷來書，便道：「遠來僧人且去僧堂中暫歇，喫些齋飯。」智深謝了。扯了坐具七條，提了包裹，拿了禪杖、戒刀，跟著行童去了。

　　清長老喚集兩班許多職事僧人，盡到方丈，乃云：「汝等眾僧在此：你看我師兄智真禪師好沒分曉！這個來的僧人原是經略府軍官，原為打死了人，落髮為僧，二次在彼鬧了僧堂，因此難著他。——你那裏安他不得，卻推來與我！待要不收留他，師兄如此千萬囑付，不可推故；待要著他在這裏，倘或亂了清規，如何使得！」

　　知客道：「便是弟子們，看那僧人全不似出家人模樣。本寺如何安著得他！」

都寺便道：「弟子尋思起來，只有酸棗門外退居廨宇後那片菜園，時常被營內軍健們並門外那二十來個破落戶侵害，縱放羊馬，好生囉噪。一個老和尚在那裏住持，那裏敢管他？何不教此人去那裏住持，倒敢管得下。」

清長老道：「都寺說得是。」

教侍者：「去僧堂內客房裏，等他喫罷飯，便喚將他來。」侍者去不多時，引著智深到方丈裏。清長老道：「你既是我師兄真大師薦將來我這寺中掛搭，做個職事僧人員，我這敝寺有個大菜園在酸棗門外嶽廟間壁，你可去那裏住持管領，每日教地人納十擔菜蔬，餘者都屬你用度。」

智深便道：「本師真長老著洒家投大剎討個職事僧做，卻不教僧做個都寺、監寺，如何教洒家去管菜園？」

首座便道：「師兄，你不省得。你新來掛搭，又不曾有功勞，如何便做得都寺？這管菜園也是個大職事人員。」

智深道：「洒家不管菜園；俺只要做都寺、監寺！」

知客又道：「你聽我說與你：僧門中職事人員，各有頭項。且如小僧做個知客，只理會管待往來客官、僧眾。至如維那、侍者、書記、首座，這都是清職，不容易得做。都寺、監寺、提點、院主，這個都是掌管常住財物。你纔到得方丈，怎便得上等職事？還有那管藏的喚做藏主，管殿的喚做殿主，管閣的喚做閣主，管化緣的喚做化主，管浴堂的喚做浴主；這個都是主事人員，中等職事。還有那管塔的塔頭，管飯的飯頭，管茶的茶頭，管東廁的淨頭與這管菜園的菜頭；這個都是頭事人員，末等職事。假如師兄，你管了一年菜園，好，便升你做個塔頭；又管了一年，好，升你做個浴主；又一年，好，纔做監寺。」

智深道：「既然如此，也有出身時，洒家明日便去。」

清長老見智深肯去，就留在方丈裏歇了。

當日議定了職事，隨即寫了榜文，先使人去菜園裏退

居廨宇內掛起庫司榜文，明日交割。當夜各自散了。

次早，清長老陞法座，押了法帖，委智深管菜園。智深到座前領了法帖，辭了長老，背了包裹，跨了戒刀，提了禪杖，和兩個送入院的和尚直來酸棗門外廨宇裏來住持。

且說菜園左近有二三十個賭博不成才破落戶潑皮，泛常在園內盜菜蔬，靠著養身；因來偷菜，看見廨宇門上新掛一道庫司榜文，上說：

「大相國寺仰委管菜園僧人魯智深前來住持，自明日為始掌管，並不許閒雜人等入園攪擾。」

那幾個潑皮看了，便去與眾破落戶商議，道：「大相國寺差一個和尚，甚麼魯智深來管菜園。我們趁他新來，尋一場鬧，一頓打下頭來，教那廝伏我們！」

數中一個道：「我有一個道理。他又不曾認得我，我們如此便去尋得鬧？等他來時，誘他去糞窖邊，只做參賀他，雙手搶住腳，翻筋斗顛那廝上糞窖去，只是小耍他。」

眾潑皮道：「好！好！」商量已定，且看他來。

卻說魯智深來到退居廨宇內房中安頓了包裹、行李，倚了禪杖，掛了戒刀，那數個種地道人都來參拜了，但有一應鎖鑰盡行交割。那兩個和尚同舊住持老和尚，相別了盡回寺去。

且說智深出到菜園地上東觀西望，看那園圃。只見這二三十個潑皮拿著些果盒酒禮，都嘻嘻的笑道：「聞知師父新來住持，我們鄰舍街坊都來作慶。」智深不知是計，直走到糞窖邊來。那夥潑皮一齊向前，一個來搶左腳，一個便搶右腳，指望來顛智深。只教智深：腳尖起處，山前猛虎心驚；拳頭落時，海內蛟龍喪膽。正是：方圓一片閒園圃，目下排成小戰場，那夥潑皮怎的來顛智深，且聽下回分解。

第六回　花和尚倒拔垂楊柳　豹子頭誤入白虎堂

　　話說那酸棗門外三二十個潑皮破落戶中間有兩個為頭的：一個叫做「過街老鼠」張三，一個叫做「青草蛇」李四。這兩個為頭接將來。智深也卻好去糞窖邊，看見這夥人都不走動，只立在窖邊，齊道：「俺特來與和尚作慶。」智深道：「你們既是鄰舍街坊，都來廝宇裏坐地。」張三、李四，便拜在地上不肯起來；只指望和尚來扶他，便要動手。智深見了，心裏早疑忌道：「這夥人不三不四，又不肯近前來，莫不要顛洒家？那廝卻是倒來捋虎鬚！俺且走向前去，教那廝看洒家手腳！」

　　智深大踏步近眾人面前來。那張三、李四便道：「小人兄弟們特來參拜師父。」口裏說，便向前去，一個來搶左腳，一個來搶右腳。智深不等他上身，右腳早起，騰的把李四先踢下糞窖裏去。張三恰待走，智深左腳早起；兩個潑皮都踢在糞窖裏掙扎。後頭那二三十個破落戶驚的目瞪口呆，都待要走。智深喝道：「一個走的一個下去！兩個走的兩個下去！」眾潑皮都不敢動撣。只見那張三、李

四在糞窖裏探起頭來。原來那座糞窖沒底似深。兩個一身臭屎，頭髮上蛆蟲盤滿，立在糞窖裏，叫道：「師父！饒恕我們！」智深喝道：「你那眾潑皮，快扶那鳥上來，我便饒你眾人！」眾人打一救，攛到葫蘆架邊，臭穢不可近前。智深呵呵大笑，道：「兀那蠢物！你且去菜園池裏洗了來，和你眾人說話。」兩個潑皮洗了一回，眾人脫件衣服與他兩個穿了。智深叫道：「都來廨宇裏坐地說話。」

　　智深先居中坐了，指著眾人，道：「你那夥鳥人，休要瞞洒家！你等都是甚麼鳥人，到這裏戲弄洒家？」那張三、李四並眾火伴一齊跪下，說道：「小人祖居在這裏，都只靠賭博討錢為生。這片菜園是俺們衣飯碗。大相國寺裏幾番使錢要奈何我們不得。師父卻是那裏來的長老？恁的了得！相國寺裏不曾見有師父。今日我等情願伏侍。」智深道：「洒家是關西延安府老种經略相公帳前提轄官。只為殺得人多，因此情願出家。五臺山來到這裏。洒家俗姓魯，法名智深。休說你這三二十個人直甚麼！便是千軍萬馬隊中，俺敢直殺的入去出來！」眾潑皮喏喏連聲，拜謝了去。智深自來廨宇裏房內，收拾整頓歇臥。

次日，眾潑皮商量，湊些錢物，買了十瓶酒，牽了一
個豬，來請智深，都在廨宇安排了，請魯智深居中坐了。
兩邊一帶坐定那三二十潑皮飲酒。智深道：「甚麼道理叫
你眾人們壞鈔？」眾人道：「我們有福，今日得師父在這
裏，與我等眾人做主。」智深大喜。喫到半酣裏，也有唱
的，也有說的，也有拍手的，也有笑的。正在那裏喧鬧，
只聽門外老鴉哇哇的叫。眾人有扣齒的，齊道：「赤口上
天，白舌入地。」智深道：「你們做甚麼鳥亂？」眾人道：
「老鴉叫，怕有口舌。」智深道：「那裏取這話？」那種
地道人笑道：「牆角邊綠楊樹上新添了一個老鴉巢，每日
直聒到晚。」眾人道：「把梯子上面去拆了那巢便了。」
有幾個道：「我們便去。」智深也乘著酒興，都到外面看
時，果然綠樹上一個老鴉巢。眾人道：「把梯子上去拆了，
也得耳根清淨。」李四便道：「我與你盤上去，不要梯
子。」智深相了一相，走到樹前，把直裰脫了，用右手向
下，把身倒繳著；卻把左手拔住上截，把腰只一趁，將那
株綠楊樹帶根拔起。眾潑皮見了，一齊拜倒在地，只叫：
「師父非是凡人，正是真羅漢！身體無千萬斤氣力，如何
拔得起！」智深道：「打甚鳥緊！明日都看洒家演武器
械。」眾潑皮當晚各自散了。從明日為始，這二三十個破

落戶見智深匾匾的伏，每日將酒肉來請智深，看他演武使拳。

過了數日，智深尋思道：「每日喫他們酒食多，洒家今日也安排些還席。」叫道人去城中買了幾般果子，沽了兩三擔酒，殺翻一口豬、一腔羊。那時正是三月盡，天氣正熱。智深道：「天色熱！」叫道人綠槐樹下鋪了蘆蓆，請那許多潑皮團團坐定。大碗斟酒，大塊切肉，叫眾人喫得飽了，再取果子喫酒。又喫得正濃，眾潑皮道：「這幾日見師父演拳，不曾見師父使器械；怎得師父教我們看一看也好。」智深道：「說得是。」自去房內取出渾鐵禪杖，頭尾長五尺，重六十二斤。眾人看了，盡皆喫驚，都道：「兩臂沒水牛大小氣力，怎使得動！」智深接過來，颼颼的使動，渾身上下，沒半點兒參差。眾人看了，一齊喝采。

智深正使得活泛，只見牆外一個官人看見，喝采道：「端的使得好！」智深聽得，收住了手，看時，只見牆缺邊立著一個官人，頭戴一頂青紗抓角兒頭巾，腦後兩個白玉圈連珠鬢環，身穿一領單綠羅團花戰袍，腰繫一條雙獺尾龜背銀帶，穿一對磕爪頭朝樣皁靴，手中執一把摺疊紙

西川扇子，生的豹頭環眼，燕領虎鬚，八尺長短身材，三十四五年紀；口裏道：「這個師父端的非凡，使得好器械！」眾潑皮道：「這位教師喝采，必然是好。」智深問道：「那軍官是誰？」眾人道：「這官人是八十萬禁軍鎗棒教頭林武師，名喚林冲。」智深道：「何不就請來廝見？」那林教頭便跳入牆來。兩個就槐樹下相見了，一同坐地。林教頭便問道：「師兄何處人氏？法諱喚做甚麼？」智深道：「洒家是關西魯達的便是。只為殺得人多，情願為僧。年幼時也曾到東京，認得令尊林提轄。」林冲大喜，就當結義智深為兄。智深道：「教頭今日緣何到此？」林冲答道：「恰纔與拙荊一同來間壁嶽廟裏還香願，林冲聽得使棒，看得入眼，著女使錦兒自和荊婦去廟裏燒香，林冲就只此間相等，不想得遇師兄。」智深道：「智深初到這裏，正沒相識，得這幾個大哥每日相伴；如今又得教頭不棄，結為弟兄，十分好了。」便叫道人再添酒來相待。

恰纔飲得三杯，只見女使錦兒，慌慌急急，紅了臉，在牆缺邊叫道：「官人！休要坐地！娘子在廟中和人合口！」林冲連忙問道：「在那裏？」錦兒道：「正在五嶽樓下來，撞見個詐奸不及的把娘子攔住了，不肯放！」林

冲慌忙道：「卻再來望師兄，休怪，休怪！」林冲別了智深，急跳過牆缺，和錦兒逕奔嶽廟裏來。搶到五嶽樓看時，見了數個人擎著彈弓、吹筒、粘竿，都立在欄干邊，胡梯上一個年少的後生獨自背立著，把林冲的娘子攔著道：「你且上樓去，和你說話。」林冲娘子紅了臉，道：「清平世界，是何道理，把良人調戲！」林冲趕到跟前，把那後生肩胛只一扳過來，喝道：「調戲良人妻子當得何罪！」恰待下拳打時，認得是本管高太尉螟蛉之子高衙內。——原來高俅新發跡，不曾有親兒，無人幫助，因此過房這阿叔高三郎兒子在房內為子。本是叔伯弟兄，卻與他做乾兒子。因此，高太尉愛惜他。——那廝在東京倚勢豪強，專一愛淫垢人家妻女。京師人怕他權勢，誰敢與他爭口？叫他做「花花太歲」。

當時林冲扳將過來，卻認得是本管高衙內，先自手軟了。高衙內說道：「林冲，干你甚事，你來多管！」原來高衙內不曉得他是林冲的娘子；若還曉得時，也沒這場事。見林冲不動手，他發這話。眾多閒漢見鬧，一齊攔來勸道：「教頭休怪。衙內不認得，多有衝撞。」林冲怒氣未消，一雙眼睜著瞅那高衙內。眾閒漢勸了林冲，和哄高衙內出

廟上馬去了。

　　林冲將引妻小並使女錦兒也轉出廊下來。只見智深提著鐵禪杖，引著那二三十個破落戶，大踏步搶入廟來。林冲見了，叫道：「師兄，那裏去？」智深道：「我來幫你廝打！」林冲道：「原來是本管高太尉的衙內，不認得荊婦，時間無禮。林冲本待要痛打那廝一頓，太尉面上須不好看。自古道：『不怕官，只怕管。』林冲不合喫著他的請受，權且讓他這一次。」智深道：「你卻怕他本管太尉，洒家怕他甚鳥！俺若撞見那撮鳥時，且教他喫洒家三百禪杖了去！」林冲見智深醉了，便道：「師兄說得是。林冲一時被眾勸了，權且饒他。」智深道：「但有事時，便來喚洒家與你去！」眾潑皮見智深醉了，扶著道：「師父，俺們且去，明日和他理會。」智深提著禪杖道：「阿嫂，休怪，莫要笑話。阿哥，明日再得相會。」智深相別，自和潑皮去了。林冲領了娘子並錦兒取路回家，心中只是鬱鬱不樂。

　　且說這高衙內引了一班兒閒漢，自見了林冲娘子，又被他衝散了，心中好生著迷，怏怏不樂，回到府中納悶。

過了三兩日，眾多閒漢都來伺候；見衙內心焦，沒撩沒亂，眾人散了。數內有一個幫閒的，喚作「乾鳥頭」富安，理會得高衙內意思，獨自一個到府中伺候。見衙內在書房中閒坐，那富安走近前去道：「衙內近日面色清減，心中少樂，必然有件不悅之事。」高衙內道：「你如何省得？」富安道：「小子一猜便著。」衙內道：「你猜我心中甚事不樂？」富安道：「衙內是思想那『雙木』的。這猜如何？」衙內道：「你猜得是。只沒個道理得他。」富安道：「有何難哉！衙內怕林冲是個好漢，不敢欺他，這個無傷。他見在帳下聽使喚，大請大受，怎敢惡了太尉，輕則便刺配了他，重則害了他性命。小閒尋思有一計，使衙內能彀得他。」高衙內聽得，便道：「自見了許多好女娘，不知怎的只愛他，心中著迷，鬱鬱不樂。你有甚見識，能得他時，我自重重的賞你。」富安道：「門下知心腹的陸虞候陸謙，他和林冲最好。明日衙內躲在陸虞候樓上深閣，擺下些酒食，卻叫陸謙去請林冲出來喫酒——教他直去樊樓上深閣裏喫酒。小閒便去他家對林冲娘子說道：『你丈夫教頭和陸謙喫酒，一時重氣，悶倒在樓上，叫娘子快去看哩！』賺得他來到樓上，婦人家水性，見了衙內這般風流人物，再著些甜話兒調和他，不由他不肯。小閒這一計如

何？」高衙內喝采道：「好條計！就今晚著人去喚陸虞候來分付了。」原來陸虞候家只在高太尉家隔壁巷內。次日，商量了計策，虞候一時聽允，也沒奈何；只要衙內歡喜，卻顧不得朋友交情。

且說林冲連日悶悶不已，懶上街去。巳牌時，聽得門首有人叫道：「教頭在家麼？」林冲出來看時，卻是陸虞候，慌忙道：「陸兄何來？」陸謙道：「特來探望，兄何故連日街前不見？」林冲道：「心裏悶，不曾出去。」陸謙道：「我同兄去喫三杯解悶。」林冲道：「少坐，拜茶。」兩個喫了茶，起身。陸虞候道：「阿嫂，我同兄去喫三杯。」林冲娘子趕到布簾下，叫道：「大哥，少飲早歸。」

林冲與陸謙出得門來，街上閒走了一回。陸虞候道：「兄長，我個休家去，只就樊樓內喫兩杯。」當時兩個上到樊樓內，占個閣兒，喚酒保分付，叫取兩瓶上色好酒，希奇果子按酒。兩個敘說閒話。林冲嘆了一口氣。陸虞候道：「兄長何故嘆氣？」林冲道：「陸兄不知！男子漢空有一身本事，不遇明主，屈沉在小人之下，受這般腌臢的

氣！」陸虞候道：「如今禁軍中雖有幾個教頭，誰人及得兄長的本事？太尉又看承得好，卻受誰的氣？」林冲把前日高衙內的事告訴陸虞候一遍。陸虞候道：「衙內必不認得嫂子。兄且休氣，只顧飲酒。」

林冲喫了八九杯酒，因要小遺，起身道：「我去淨手了來。」林冲下得樓來，出酒店門，投東小巷內去淨了手。回身轉出巷口，只見女使錦兒叫道：「官人，尋得我苦！卻在這裏！」林冲慌忙問道：「做甚麼？」錦兒道：「官人和陸虞候出來，沒半個時辰，只見一個漢子慌慌急急奔來家裏，對娘子說道：『我是陸虞候家鄰舍。你家教頭和陸謙喫酒，只見教頭一口氣不來，便撞倒了！』叫娘子且快來看視，娘子聽得，連忙央間壁王婆看了家，和我跟那漢子去。直到太尉府前巷內一家人家，上至樓上，只見桌子上擺著些酒食，不見官人。恰待下樓，只見前日在嶽廟裏囉噪娘子的那後生出來道：『娘子少坐，你丈夫來也。』錦兒慌忙下得樓時，只聽得娘子在樓上叫：『殺人！』因此，我一地裏尋官人不見，正撞著賣藥的張先生道：『我在樊樓前過，見教頭和一個人入去喫酒。』因此特奔到這裏。官人快去！」

　　林冲見說，喫了一驚，也不顧女使錦兒，三步做一步，
跑到陸虞候家。搶到胡梯上，卻關著樓門。只聽得娘子叫
道：「清平世界，如何把我良人子關在這裏！」又聽得高
衙內道：「娘子，可憐見救俺！便是鐵石人，也告得回
轉！」林立在胡梯上，叫道：「大嫂開門！」那婦人聽得
是丈夫聲音，只顧來開門。高衙內喫了一驚，窊開了樓窗，
跳牆走了。林冲上得樓上，尋不見高衙內，問娘子道：
「不曾被這廝點污了？」娘子道：「不曾。」林冲把陸虞
候家打得粉碎，將娘子下樓；出得門外看時，鄰舍兩邊都
閉了門。女使錦兒接著，三個人一處歸家去了。

　　林冲拿了一把解腕尖刀，逕奔到樊樓前去尋陸虞候，
也不見了；卻回來他門前等了一晚，不見回家，林冲自歸。
娘子勸道：「我又不曾被他騙了，你休得胡做！」林冲道：
「叵耐這陸謙畜生，廝趕著稱『兄』稱『弟』，你也來騙
我！只怕不撞見高衙內，也照管著他頭面！」娘子苦勸，
那裏肯放他出門。陸虞候只躲在太尉府內，亦不敢回家。
林冲一連等了三日，並不見面。府前人見林冲面色不好，
誰敢問他。

　　第四日飯時候，魯智深逕尋到林冲家相探，問道：「教頭如何連日不見面？」林冲答道：「小弟少冗，不曾探得師兄；既蒙到我寒舍，本當草酌三杯，爭奈一時不能周備，且和師兄一同上街閒玩一遭，市沽兩盞如何？」智深道：「最好。」兩個同上街來，喫了一日酒，又約明日相會。自此，每日與智深上街喫酒，把這件事都放慢了。

　　且說高衙內從那日在陸虞候家樓上喫了那驚，跳牆脫走，不敢對太尉說知，因此在府中臥病。陸虞候和富安兩個來府裏望衙內，見他容頻不好，精神憔悴。陸謙道：「衙內何故如此精神少樂？」衙內道：「實不瞞你們說。我為林家那人，兩次不能骰得他，又喫他那一驚，這病越添得重了，眼見得半年三個月，性命難保！」二人道：「衙內且寬心，只在小人兩個身上，好歹要共那人完聚；只除他自縊死了便罷。」正說間，府裏老都管也來看衙內病證。那陸虞候和富安見老都管來問病，兩個商量道：「只除恁的——」等候老都管看病已了，出來，兩個邀老都管僻靜處說道：「若要衙內病好，只除教太尉得知，害了林冲性命，方能骰得他老婆和衙內在一處，這病便得好；

若不如此，一定送了衙內性命。」老都管道：「這個容易，老漢今晚便稟太尉得知。」兩個道：「我們已有計了，只等你回話。」

老都管至晚來見太尉，說道：「衙內不害別的證，卻害林冲的老婆。」高俅道：「林冲的老婆幾時見他的？」都管稟道：「便是前月二十八日，在嶽廟裏見來；今經一月有餘。」又把陸虞候設的計細備說了。高俅道：「如此，因為他渾家，怎地害他？……我尋思起來，若為惜林冲一個人時，須送了我孩兒性命，卻怎生是好？」都管道：「陸虞候和富安有計較。」高俅道：「既是如此，教喚二人來商議。」老都管隨即喚陸謙、富安入到堂裏，唱了喏。高俅問道：「我這小衙內的事，你兩個有甚計較？救得我孩兒好了時，我自抬舉你二人。」陸虞候向前稟道：「恩相在上，只除——如此如此使得。」高俅道：「既如此，你兩個明日便與我行。」不在話下。

再說林冲每日和智深喫酒，把這件事不記心了。那一日，兩個同行到閱武坊巷口，見一條大漢，頭戴一頂抓角兒頭巾，穿一領舊戰袍，手裏拿著一口寶刀，插著個草標

兒，立在街上，口裏自言自語說道：「不遇識者，屈沈了我這口寶刀！」林沖也不理會，只顧和智深說著話走。那漢又跟在背後道：「好口寶刀！可惜不遇識者！」林沖只顧和智深走著，說得入港。那漢又在背後說道：「偌大一個東京，沒一個識得軍器的！」林沖聽得說，回過頭來。那漢颼的把那口刀掣將出來，明晃晃的奪人眼目。林沖合當有事，猛可地道：「將來看。」那漢遞將過來。林沖接在手內，同智深看了，喫了一驚，失口道：「好刀！你要賣幾錢？」那漢道：「索價三千貫，實價二千貫。」林沖道：「價是值二千貫，只沒個識主。你若一千貫時，我買你的。」那漢道：「我急要些錢使；你若端的要時，饒你五百貫，實要一千五百貫。」林沖道：「只是一千貫，我便買了。」那漢嘆口氣道：「金子做生鐵賣了！罷，罷！一文也不要少了我的。」林沖道：「跟我來家中取錢還你。」回身卻與智深道：「師兄且在茶房裏少待，小弟便來。」智深道：「洒家且回去，明日再相見。」林沖別了智深，自引了賣刀的那漢去家中，將銀子折算價貫，準還與他。就問那漢道：「你這口刀那裏得來？」那漢道：「小人祖上留下，因為家中消乏，沒奈何，將出來賣了。」林沖道：「你祖上是誰？」那漢道：「若說時，辱沒殺

141

人！」林冲再也不問。那漢得了銀兩自去了。林冲把這口刀翻來覆去看了一回，喝采道：「端的好把刀！高太尉府中有一口寶刀，胡亂不肯教人看。我幾番借看，也不肯將出來。今日我也買了這口好刀，慢慢和他比試。」林冲當晚不落手看了一晚，夜間掛在壁上，未等天明又去看刀。

次日，巳牌時分，只聽得門首有兩個承局叫道：「林教頭，太尉鈞旨，道你買一口好刀，就叫你將去比看。太尉在府裏專等。」林冲聽得，說道：「又是甚麼多口的報知了！」兩個承局催得林冲穿了衣服，擎了那口刀，隨這兩個人承局來。一路上，林冲道：「我在府中不認得你。」兩個人說道：「小人新近參隨。」卻早來到府前。進得到廳前，林冲立住了腳。兩個又道：「太尉在裏面後堂內坐地。」轉入屏風，至後堂，又不見太尉，林冲又住了腳。兩個又道：「太尉直在裏面等你，叫引教頭進來。」又過了兩三重門，到一個去處，一週遭都是綠欄干。兩個又引林冲到堂前，說道：「教頭，你只在此少待，等我入去裏太尉。」

林冲擎著刀，立在簷前。兩個人自入去了；一盞茶時，

不見出來。林冲心疑，探頭入簾看時，只見簷前額上有四個青字，寫著：「白虎節堂。」林冲猛省道：「這節堂是商議軍機大事處，如何敢無故輒入！……」急待回身，只聽得靴履響，腳步鳴，一個人從外面入來。林冲看時，不是別人，卻是本管高太尉，林冲見了，執刀向前聲喏。太尉喝道：「林冲！你又無呼喚，安敢輒入白虎節堂！你知法度否？你手裏拿著刀，莫非來刺殺下官！有人對我說，你兩三日前挈刀在府前伺候，必有歹心！」林冲躬身稟道：「恩相，恰纔蒙兩個承局呼喚林冲將刀來比看。」太尉喝道：「承局在那裏？」林冲道：「恩相，他兩個已投堂裏去了。」太尉道：「胡說！甚麼承局，敢進我府堂裏去？……左右！與我拿下這廝！」話猶未了，旁邊耳房裏走出二十餘人把林冲橫推倒拽下去。高太尉大怒道：「你既是禁軍教頭，法度也還不知道！因何手執利刃，故入節堂，欲殺本官。」叫左右把林冲推下。不知性命如何？

不因此等，有分教；大鬧中原，縱橫海內。直教：農夫背上添心號，漁父舟中插認旗。畢竟看林冲性命如何，且聽下回分解。

第七回　林教頭刺配滄州道　魯智深大鬧野豬林

　　話說當時太尉喝叫左右排列軍校，拿下林冲要斬。林冲大叫冤屈。太尉道：「你來節堂有何事務？見今手裏拿著利刃，如何不是來殺下官？」林冲告道：「太尉不喚，怎敢入來？見有兩個承局望堂裏去了，故賺林冲到此。」太尉喝道：「胡說！我府中那有承局？這廝不服斷遣！」喝叫左右：「解去開封府，分付滕府尹好生推問勘理，明白處決！就把這刀封了去！」左右領了鈞旨，監押林冲投開封府來。恰好府尹坐衙未退。高太尉幹人把林冲押到府前，跪在階下。府幹將太尉言語對滕府尹說了，將上太尉封的那把刀放在林冲面前。府尹道：「林冲，你是個禁軍教頭，如何不知法度，手執利刃，故入節堂？這是該死的罪犯！」林冲告道：「恩相明鏡：念林冲負屈啣冤！小人雖是粗鹵軍漢，頗識些法度，如何敢擅入節堂？為是前月二十八日，林冲與妻到嶽廟還香願，正迎見高太尉的小衙內把妻子調戲，被小人喝散了。次後，又使陸虞候賺小人喫酒，卻使富安來騙林冲妻子到陸虞候家樓上調戲，亦被小人趕去。是把陸虞候家打了一場。兩次雖不成姦，皆有

人證。次日，林冲自買這口刀，今日太尉差兩個承局來家呼喚林冲，叫將刀來府裏比看；因此，林冲同二人到節堂下。兩個承局進堂裏去了，不想太尉從外面進來。設計陷林冲，望恩相做主！」府尹聽了林冲口詞，且叫與了回文，一面取刑具枷扭來上了，推入牢裏監下。林冲家裏自來送飯，一面使錢。林冲的丈人張教頭亦來買上告下，使用財帛。

正值有個當案孔目，姓孫，名定，為人最鯁直，十分好善，只要周全人，因此，人都喚做喚做「孫佛兒」。他明知道這件事，轉轉宛宛，在府上說知就裏，稟道：「此事果是屈了林冲，只可周全他。」府尹道：「他做下這般罪，高太尉批仰定罪，定要問他『手執利刃，故入節堂，殺害本官』，怎周全得他？」孫定道：「這南衙開封府不是朝廷的。是高太尉家的！」府尹道：「胡說！」孫定道：「誰不知高太尉當權倚勢豪強。更兼他府裏無般不做，但有人小小觸犯，便發來開封府，要殺便殺，要剮便剮，卻不是他家官府！」府尹道：「據你說時，林冲事怎的方便他，施行斷遣？」孫定道：「看林冲口詞，是個無罪的人。只是沒拿那兩個承局處。如今著他招認做『不合腰懸利刃，

誤入節堂』，脊杖二十，刺配遠惡軍州。」騰府尹也知道
這件事了，自去高太尉面前再三稟說林冲口詞。高俅情知
理短，又礙府尹，只得准了。

就此日，府尹回來陞廳，叫林冲，除了長枷，斷了二
十脊杖，喚個文筆匠刺了面頰，量地方遠近，該配滄州牢
城。當廳打一面七斤半團頭鐵葉護身枷釘了，貼上封皮，
押了一道牒文，差兩個防送公人監押前去。兩公人是董超、
薛霸。二人領了公文，押送林冲出開封府來。只見眾鄰舍
並林冲的丈人張教頭都在府前接著，同林冲兩個公人，到
州橋下酒店裏坐定。林冲道：「多得孫孔目維持，這棒不
毒，因此走動得。」張教頭叫酒保安排按酒果子管待兩個
公人。酒至數杯，只見張教頭將出銀兩齎發他兩個防送工
人已了。林冲執手對丈人說道：「泰山在上，年災月厄，
撞了高衙內，喫了一屈官司。今日有句話說，上稟泰山：
自蒙泰山錯受，將令愛嫁事小人，已經三載，不曾有半些
兒差池。雖不曾生半個兒女，未曾紅面赤，半點相爭。今
小人遭這場橫事，配去滄州，生死存亡未保。娘子在家，
小人心去不穩，誠恐高衙內威逼這頭親事；況兼青春年少，
休為林冲誤了前程。卻是林冲自行主張，非他人逼迫，小

人今日就高鄰在此，明白立紙休書，任從改嫁。並無爭執。如此，林冲去得心穩，免得高衙內陷害。」張教頭道：「賢婿，甚麼言語！你是天年不齊，糟了橫事，又不是你作將出來的。今日權且去滄州躲災避難，早晚天可憐見，放你回來時，依舊夫妻完聚。老漢家中也頗有些過活，便取了我女家去，並錦兒，不揀怎的，三年五載，養贍得他。又不叫他出入，高衙內便要見也不能彀。休要憂心，在老漢身上。你在滄州牢城，我自頻頻寄書並衣服與你。休得要胡思亂想。只顧放心去。」林冲道：「感謝泰山厚意。只是林冲放心不下。枉自兩相耽誤。泰山可憐見林冲，依允小人，便死也瞑目！」張教頭那裏肯應承。眾鄰舍亦說行不得。林冲道：「若不依允小人之時，林冲便掙扎得回來，誓不與娘子相聚！」張教頭道：「既然恁地時，權且繇你寫下，我只不把女兒嫁人便了。」當時叫酒保尋個寫文書的人來，買了一張紙來。那人寫，林冲說道是：

　　東京八十萬禁軍教頭林冲為因身犯重罪，斷配滄州，去後存亡不保。有妻張氏年少，情願立此休書，任從改嫁，永無爭執；委是自行情願，並非相逼。恐後無憑，立此文約為照。——年——月——日。

　　林冲當下看人寫了，借過筆來，去年月下押個花字，打個手模。正在閣裏寫了，欲付與泰山收時，只見林冲的娘子，號天哭地叫將來。女使錦兒抱著一包衣，一路尋到酒店裏。林冲見了，起身接著道：「娘子，小人有句話說，已稟過泰山了。為是林冲年災月厄，遭這場屈事，今去滄州，生死不保，誠恐誤了娘子青春，今已寫下幾字在此。萬望娘子休等小人，有好頭腦，自行招嫁，莫為林冲誤了賢妻。」那娘子聽罷，哭將起來，說道：「丈夫！我不曾有半些兒點污，如何把我休了？」林冲道：「娘子，我是好意。恐怕日後兩下相誤，賺了你。」張教頭便道：「我兒放心。雖是女婿恁的主張，我終不成下得將你來再嫁人？這事且縣他放心去。他便不來時，我也安排你一世的終身盤費，只教你守志便了。」那娘子聽得說，心中哽咽；又見了這封書，一時哭倒，聲絕在地。眾鄰舍亦有婦人來勸林冲娘子，攙扶回去。張教頭囑付林冲道：「只顧前程去，掙扎回來廝見。你的老小，我明日便取回去養在家裏，待你回來完聚。你但放心去，不要掛念。如有便人，千萬頻頻寄些書信來！」林冲起身謝了，拜辭泰山並眾鄰舍，背了包裹，隨著公人去了。張教頭同鄰舍取路回家，不在話

下。

　　且說兩個防送公人把林冲帶來使臣房裏寄了監。董超、薛霸各自回家，收拾行李。只說董超正在家裏拴束包裹，只見巷口酒店裏酒保來說：「董端公，一位官人在小店中請說話。」董超道：「是誰？」酒保道：「小人不認得，只教請端公便來。」卻原來未時的公人都稱呼「端公」。當時董超便和酒保逕到店中閣兒內看時，見坐著一個人，頭戴頂萬字頭巾，身穿領皂紗背子，下面皂靴淨襪，見了董超，慌忙作揖道：「端公請坐。」董超道：「小人自來不曾拜識尊顏，不知呼喚有何使令？」那人道：「請坐，少間便知。」董超坐在對席。酒保一面鋪下酒盞菜蔬果品按酒，都搬來擺了一桌。那人問道：「薛端公在何處住。」董超道：「只在前邊巷內。」那人喚酒保問了底腳，「與我去請將來。」酒保去了一盞茶時，只見請得薛霸到閣兒裏。董超道：「這位官人，請俺說話。」薛霸道：「不敢動問大人高姓？」那人又道：「少刻便知，且請飲酒。」三人坐定，一面酒保篩酒。酒至數杯，那人去袖子裏取出十兩金子，放在桌上，說道：「二位端公各收五兩，有些小事煩及。」二人道：「小人素不認得尊官，何故與我金

子？」那人道：「二位莫不投滄州去？」董超道：「小人
兩個奉本府差遣，監押林冲直到那裏。」那人道：「既是
如此，相煩二位。我是高太尉府心腹人陸虞候便是。」董
超、薛霸喏喏連聲，說道：「小人何等樣，敢共對席。」
陸謙道：「你二位也知林冲和太尉是對頭。今奉著太尉鈞
旨，教將這十兩金子送與二位；望你兩個領諾，不必遠去，
只就前面僻靜去處把林冲結果了，就彼處討紙狀回來便了。
若開封府但有話說，太尉自行分付，並不妨事。」董超道：
「卻怕便不得；開封府公文只叫解活的去，卻不曾教結果
了他。亦且本人年紀又不高大，如何作得這緣故？倘有些
兜搭，恐不方便。」薛霸道：「老董，你聽我說：高太尉
便叫你我死，也只得依他；莫說使這官人又送金子與俺。
你不要多說，和你分了罷，落得做人情，日後也有照顧俺
處。前頭有的是大松林，猛惡去處，不揀怎的與他結果了
罷！」當下薛霸收了金子，說道：「官人，放心。多是五
站路，少便兩程，便有分曉。」陸謙大喜道：「還是薛端
公真是爽利！明日到地了時，是必揭取林冲臉上金印回來
做表證。陸謙再包辦二位十兩金子相謝。專等好音。切不
可相誤。」——原來宋時，但是犯人，徒流遷徙的，那臉
上刺字，怕人恨怪，只喚做「打金印」。三個人又喫了一

會酒，陸虞候算了酒錢。三人出酒肆來，各自分手。

　　只說董超、薛霸將金子分受入己，送回家中，取了行李包裹，拿了水火棍，便來使臣房裏取了林冲，監押上路。當日出得城來，離城三十里多路歇了。宋時途路上客店人家，但是公人監押囚人來歇，不要房錢。當下薛、董二人帶林冲到客店裏歇了一夜。第二日天明起來，打火喫了飯食，投滄州路上來。時遇六月天氣，炎暑正熱。林冲初喫棒時，倒也無事；次後三兩日間，天道盛熱，棒瘡卻發；又是個新喫棒的人，路上一步挨一步，走不動。薛霸道：「好不曉事！此去滄州二千里有餘的路，你這般樣走，幾時得到！」林冲道：「小人在太尉府裏折了些便宜，前日方纔喫棒，棒瘡舉發。這般炎熱，上下只得擔待一步！」董超道：「你自慢慢的走，休聽咶咶。」薛霸一路上喃喃吶吶的，口裏埋冤叫苦，說道：「卻是老爺們晦氣，撞著你這個魔頭！」看看天色又晚，三個人投村中客店裏來。到得房內，兩個公人放了棍棒，解下包裹。林冲也把包來解了，不等公人開口，去包裹取些碎銀兩，央店小二買些酒肉，糴些米來，安排盤饌，請兩個防送公人坐了喫。董超、薛霸又添酒來，把林冲灌的醉了，和枷倒在一邊，薛

霸去燒一鍋百沸滾湯，提將來，傾在腳盆內，叫道：「林教頭，你也洗了腳好睡。」林冲掙的起來，被枷礙了，曲身不得。薛霸道：「我替你洗。」林冲忙道：「使不得。」薛霸道：「出路人那裏計較的許多！」林冲不知是計，只顧伸下腳來，被薛霸只一按，按在滾湯裏。林冲叫一聲：「哎也！」急縮得起時，泡得腳面紅腫了。林冲道：「不消生受！」薛霸道：「只見罪人伏侍公人，那曾有公人伏侍罪人！好意叫他洗腳，顛倒嫌冷嫌熱，卻不是『好心不得好報！』」口裏喃喃的罵了半夜。林冲那裏敢回話，自去倒在一邊。他兩個潑了這水，自換些水去外邊洗了腳，收拾。

　　睡到四更，同店人都未起，薛霸起來，燒了面湯，安排打火做飯喫。林冲起來，暈了，喫不得，又走不動。薛霸拿了水火棍，催促動身。董超去腰裏解下一雙新草鞋，耳朵並索兒卻是麻編的，叫林冲穿。林冲看時，腳上滿面都是燎漿泡，只得尋覓舊草鞋穿，那裏去討？沒奈何，只得把新草鞋穿上。叫店小二算過酒錢，兩個公人帶了林冲出店，卻是五更天氣。林冲走不到三二里，腳上泡被新草鞋打破了，鮮血淋漓，正走不動，聲喚不止。薛霸罵道：

「走便快走！不走便大棍捆將起來！」林沖道：「上下方便！小人豈敢怠慢，俄延程途？其實是腳疼走不動！」董超道：「我扶著你走便了！」攙著林沖，只得又挨了四五里。看看正走不動了，早望見前面煙籠霧鎖，一座猛惡林子，有名喚做野豬林；此是東京去滄州路上第一個險峻去處。宋時，這座林子內，但有些冤讎的，使用些錢與公人，帶到這裏，不知結果了多少好漢。今日，這兩個公人帶林沖奔入這林子裏來。董超道：「走了一五更，走不得十里路程，似此，滄州怎的得到！」薛霸道：「我也走不得了，且就林子裏歇一歇。」

三個人奔到裏面，解下行李包裹，都搬在樹根頭。林沖叫聲：「阿八也！」靠著一株大樹便倒了。只見董超、薛霸道：「行一步，等一步，倒走得我困倦起來。且睡一睡，卻行。」放下水火棍，便倒在樹邊；略略閉得眼，從地下叫將起來。林沖道：「上下，做甚麼？」董超、薛霸道：「俺兩個正要睡一睡，這裏又無關鎖，只怕你走了；我們放心不下，以此睡不穩。」林沖答道：「小人是好漢，官司既已喫了，一世也不走！」薛霸道：「那裏信得你說！要我們心穩，須得縛一縛。」林沖道：「上下要縛便縛，

153

小人敢道怎的。」薛霸腰裏解下索子來，把林冲連手帶腳和枷緊緊的縛在樹上，同董超兩個跳將起來，轉過身來，拿起水火棍，看著林冲，說道：「不是俺要結果你；自是前日來時，有那陸虞候傳著高太尉鈞旨，教我兩個到這裏結果你，立等金印回去回話。便多走的幾日，也是死數！只今日就這裏倒作成我兩個回去快些。休得要怨我弟兄兩個，只是上司差遣。不繇自己。你須精細著。明年今日是你週年。我等已限定日期，亦要早回話。」林冲見說，淚如雨下，便道：「上下？我與你二位，往日無讎，近日無冤。你二位如何救得小人，生死不忘！」董超道：「說甚麼閒話！救你不得！」薛霸便提起水火棍來望著林冲腦袋上劈將來。可憐豪傑束手就死！正是；萬里黃泉無旅店，三魂今夜落誰家？畢竟林冲性命如何，且聽下回分解。

第八回　柴進門招天下客　林沖棒打洪教頭

　　話說當時薛霸雙手舉起棍來望林沖腦袋上便劈下來。說時遲，那時快；薛霸的棍恰舉起來，只見松樹背後，雷鳴也似一聲，那條鐵禪杖飛將來，把這水火棍一隔，丟去九霄雲外，跳出一個胖大和尚來，喝道：「洒家在林子裏聽你多時！」兩個公人看那和尚時，穿一領皂布直裰，跨一口戒刀，提著禪杖，輪起來打兩個公人。林沖方纔閃開眼看時，認得是魯智深。林沖連忙叫道：「師兄！不可下手！我有話說！」智深聽得，收住禪杖。兩個公人呆了半晌，動撣不得。林沖道：「非干他兩個事；盡是高太尉使陸虞候分付他兩個公人，要害我性命。他兩個怎不依他？你若打殺他兩個，也是冤屈！」

　　魯智深扯出戒刀，把索子都割斷了，便扶起林沖，叫：「兄弟，俺自從和你買刀那日相別之後，洒家憂得你苦！自從你受官司，俺又無處去救你。打聽得你斷配滄州，洒家在開封府前又尋不見，卻聽得人說監在使臣房內。又見酒保來請兩個公人，說道，『店裏一位官人尋說話。』以

此，洒家疑心，放你不下。恐這廝們路上害你，俺特地跟
將來。見這兩個撮鳥帶你入店裏去，洒家也在那店裏歇。
夜間，聽得那廝兩個做神做鬼，把滾湯賺了你腳，那時俺
便要殺這兩個撮鳥；卻被客店裏人多，恐防救了。洒家見
這廝們不懷好心，越放你不下。你五更裏出門時，洒家先
投奔這林子裏來等殺這廝兩個撮鳥。他倒來這裏害你，正
好殺這廝兩個！」林冲勸道：「既然師兄救了我，你休害
他兩個性命。」魯智深喝道：「你這兩個撮鳥！洒家不看
兄弟面時，把你這兩個都剁做肉醬！且看兄弟面皮，饒你
兩個性命！」就那裏插了戒刀，喝道：「你們這兩個撮鳥，
快攙兄弟，都跟洒家來！」提了禪杖先走。兩個公人那裏
敢回話，只叫：「林教頭救俺兩個！」依前背上包裹，拾
了水火棍，扶著林冲，又替他拿了包裹，一同跟出林子來。

　　行得三四里路程，見一座小酒店在村口。深、冲、超、
霸四人入來坐下，喚酒保買五七斤肉，打兩角酒來喫，回
些麵來打餅。酒保一面整洽，把酒來篩。兩個公人道：
「不敢拜問師父在那個寺裏住持？」智深笑道：「你兩個
撮鳥，問俺住處做甚麼？莫不去教高俅做甚麼奈何洒家？
別人怕他，俺不怕他！洒家若撞著那廝，教他喫三百禪

杖！」兩個公人那裏敢再開口？喫了些酒肉，收拾了行李，還了酒錢，出離了村口。林冲問道：「師兄今投那裏去？」魯智深道：「『殺人須見血，救人須救徹！』酒家放你不下，直送兄弟到滄州！」兩個公人聽了。暗暗地道：「苦也！卻是壞了我們的勾當！轉去時怎回話！」且只得隨順他一處行路。

自此，途中被魯智深要行便行，要歇更歇，那裏敢扭他？好便罵，不好便打。兩個公人不敢高聲，只怕和尚發作。行了兩程，討了一輛車子，林冲上車將息，三個跟著車子行著。兩個公人懷著鬼胎，各自要保性命，只得小心隨順著行。魯智深一路買酒買肉將息林冲。那兩個公人也喫。遇著客店，早歇晚行，都是那兩個公人打火做飯。誰敢不依他？二人暗商量：「我們被這和尚監押定了，明日回去，高太尉必然奈何俺！」薛霸道：「我聽得大相國寺菜園廢宇裏新來了個僧人，喚做魯智深，想來必是他。──回去實說，俺要在野豬林結果他，被這和尚救了，一路護送到滄州，因此下手不得。捨得還了他十兩金子，著陸謙自去尋這和尚便了。我和你只要躲得身子乾淨。」董超道：「說得也是。」兩個暗暗商量了不題。

　　話休絮繁。董超、薛霸被智深監押不離，行了十七八日，近滄州只七十里程，一路去都有人家，再無僻靜處了。魯智深打聽得實了，就松林裏少歇。智深對林冲道：「兄弟，此去滄州不遠了，前路都有人家，別無僻靜去處，洒家已打聽實了。俺如今和你分手。異日再得相見。」林冲道：「師兄回去，泰山處可說知。防護之恩，不死當以厚報！」魯智深又取出一二十兩銀子與林冲；把三二兩與兩個公人道：「你兩個撮鳥，本是路上砍了你兩個頭，兄弟面上，饒你兩個鳥命！如今沒多路了，休生歹心！」兩個道：「再怎敢，皆是太尉差遣！」接了銀子，卻待分手。魯智深看著兩個公人，道：「你兩個撮鳥的頭硬似這松樹麼？」二人答道：「小人頭是父母皮肉包著些骨頭──」智深輪起禪杖，把松樹只一下，打得樹有二寸深痕，齊齊折了，喝一聲：「你兩個撮鳥，但有歹心，教你頭也與這樹一般！」擺著手，拖了禪杖，叫聲：「兄弟保重！」自回去了。董超、薛霸都吐出舌頭來，半晌縮不入去。林冲道：「上下，俺們自去罷。」兩個公人道：「好個莽和尚！一下打折了一株樹！」林冲道：「這個直得甚麼；相國寺一株柳樹，連根也拔將出來。」二人只把頭來搖，方纔得

知是實。

　　三人當下離了松林。行到晌午，早望見官道上一座酒店，三個人到裏面來，林冲讓兩個公人上首坐了。董、薛二人半日方纔得自在。只見那店裏有幾處座頭，二五個篩酒的酒保都手忙腳亂，搬東搬西。林冲與兩個公人坐了半個時辰，酒保並不來問。林冲等得不耐煩，把桌子敲著，說道：「你這店主人好欺客，見我是個犯人，便不來睬著！我須不白喫你的！是甚道理？」主人說道：「你這人原來不知我的好意。」林冲道：「不賣酒肉與我，有甚好意？」店主人道：「你不知；俺這村中有個大財主，姓柴，名進，此間稱為柴大官人，江湖上都喚做『小旋風』。他是大周柴世宗子孫。自陳橋讓位，太祖武德皇帝敕賜與他『誓書鐵券』在家，無人敢欺負他。專一招接天下往來的好漢，三五十個養在家中。常常囑付我們酒店裏：『如有流配的犯人，可叫他投我莊上來，我自資助他。』我如今賣酒肉與你喫得面皮紅了，他道你自有盤纏，便不助你。我是好意。」林冲聽了，對兩個公人道：「我在東京教軍時，常常聽得軍中人傳說柴大官人名字，卻原來在這裏。我們何不同去投奔他？」薛霸、董超尋思道：「既然如此，有甚

虧了我們處？」就便收拾包裹，和林冲問道：「酒店主人，柴大官人莊在何處？我等正要尋他。」店主人道：「只在前面：約過三二里路，大石橋邊，轉灣抹角，那個大莊院便是。」

　　林冲等謝了店主人出門，走了三二里，果然見座大石橋。一條平坦大路，早望見綠柳陰中顯出那座莊院。四下一週遭一條闊河，兩岸邊都是垂楊大樹，樹陰中一遭粉牆。轉灣來到莊前，那條闊板橋上坐著四五個莊客，都在那裏乘涼。三個人來到橋邊，與莊客施禮罷，林冲說道：「相煩大哥報與大官人知道，京師有個犯人——迭配牢城，姓林的——求見。」莊客齊道：「你沒福；若是大官人在家時，有酒食錢財與你，今早出獵去了。」林冲道：「不知幾時回來？」莊客道：「說不定。敢怕投東莊去歇也不見得。」林冲道：「如此是我沒福，不得相遇，我們去罷。」別了眾莊客，和兩個公人再回舊路，肚裏好生愁悶。

　　行了半里多路，只見遠遠的從林子深處，一簇人馬奔莊上來：中間捧著一位官人，騎一匹雪白捲毛馬。馬上那人生得龍眉鳳目，齒皓朱脣；三牙掩口髭鬚，三十四五年

紀；頭戴一頂皂紗轉角簇花巾，身穿一領紫繡花袍，腰繫
一條玲瓏嵌寶玉環絛，足穿一雙金線抹綠皂朝靴；帶一張
弓，插一壺箭，引領從人，都到莊上來。林冲看了尋思道：
「敢是柴大官人麼？……」又不敢問他，只肚裏躊躇。只
見那馬上年少的官人縱馬前來問道：「這位帶枷的是甚
人？」林冲慌忙躬身答道：「小人是東京禁軍教頭，姓林，
名冲。為因惡了高太尉，尋事發下開封府，問罪斷遣，刺
配此滄州。聞得前面酒店裏說，這裏有個招賢納士好漢柴
大官人，因此特來相投。不期緣淺，不得相遇。」那官人
滾鞍下馬，飛近前來，說道：「柴進有失迎迓！」就草地
上便拜。林冲連忙答禮。那官人攜住林冲的手，同行到莊
上來，那莊客們看見，大開了莊門。柴進直請到廳前。兩
個敘禮罷。柴進說道：「小可久聞教頭大名，不期今日來
踏賤地，足稱平生渴仰之願！」林冲答道：「微賤林冲，
聞大人名傳播海宇，誰人不敬！不想今日因得罪犯流配來
此，得識尊顏，宿生萬幸！」柴進再三謙讓，林冲坐了客
席。董超、薛霸也一帶坐了。跟柴進的伴當各自牽了馬去
院後歇息，不在話下。

　　柴進便喚莊客叫將酒來。不移時，只見數個莊客托出

一盤肉，一盤餅，溫一壺酒；又一個盤子，托出一斗白米，米上放著十貫錢，都一發將出來。柴進見了道：「村夫不知高下！教頭到此，如何恁地輕意！哎，快將進去！先把果盒酒來，隨即殺羊相待。快去整治！」林冲起身謝道：「大官人，不必多賜，只此十分彀了。」柴進道：「休如此說，難得教頭到此，豈可輕慢。」莊客便如飛先棒出果盒酒來。柴進起身，一面手執三杯。林冲謝了柴進，飲酒罷。兩個公人一同飲了。柴進道：「教頭請裏面少坐。」自家隨即解了弓袋箭壺，就請兩個公人一同飲酒。柴進當下坐了主席，林冲坐了客席，兩個公人在林冲肩下，敘說些閒話——江湖上的勾當。不覺紅日西沉，安排得酒食果品海味擺在桌上，抬在各人面前。柴進親自舉杯，把子三巡，坐下叫道：「且將湯來喫！」

喫得一道湯，五七杯酒，只見莊客來報道：「教師來也。」柴進道：「就請來一處坐地相會亦好。快抬一張桌子。」林冲起身看時，只見那個教師入來，歪戴著一頂頭巾，挺著脯子，來到後堂。林冲尋思道：「莊客稱他做教師，必是大官人的師父。」急急躬身唱喏道：「林冲謹參。」那人全不睬著，也不還禮。林冲不敢抬頭。柴進指

著林冲對洪教頭道：「這位便是東京八十萬禁軍鎗棒教頭林武師林冲的便是，就請相見。」林冲聽了，看著洪教頭便拜。那洪教頭說道：「休拜。起來。」卻不躬身答禮。柴進看了，心中好不快意。林冲拜了兩拜，起身讓洪教頭坐。洪教頭亦不相讓，走去上首便坐。柴進看了，又不喜歡。林冲只得肩下坐了。兩個公人亦就坐了。

洪教頭便問道：「大官人今日何故厚禮管待配軍？」柴進道：「這位非比其他的，乃是八十萬禁軍教頭師父，如何輕慢？」洪教頭道：「大官人只因好習鎗棒，往往流配軍人都來倚草附木，皆道：『我是鎗棒教頭』，來投莊上誘得些酒食錢米。大官人如何忒認真！」林冲聽了，並不做聲。柴進便道：「凡人不可易相，休小覷他。」洪教頭怪這柴進說「休小覷他」，便跳起身來道：「我不信他！他敢和我使一棒看，我便道他是真教頭！」柴進大笑道：「也好，也好。林武師，你心下如何？」林冲道：「小人卻是不敢。」洪教頭心中忖量道：「那人必是不會，心中先怯了。」因此，越要來惹林冲使棒。柴進一來要看林冲本事，二者要林冲贏他，滅那廝嘴。柴進道：「且把酒來喫著，待月上來也罷。」當下又喫過了五七杯酒，卻早月

上來了，照見廳堂裏面如同白日。柴進起身道：「二位教頭，較量一棒。」林冲自肚裏尋思道：「這洪教頭必是柴大官人師父，我若一棒打翻了他，柴大官人面上須不好看。」柴進見林冲躊躇，便道：「此位洪教頭也到此不多時，此間又無對手。林武師休得要推辭。小可也正要看二位教頭的本事。」柴進說這話，原來只怕林冲礙柴進的面皮，不肯使出本事來。林冲見柴進說開就裏，方纔放心。

只見洪教頭先起身道：「來，來，來！和你使一棒看！」一齊都闖出堂後空地上。莊客拿一束桿棒來放在地下。洪教頭先脫衣裳，拽扎起裙子，掣條棒，使個旗鼓，喝道：「來，來，來！」柴進道：「林武師，請較量一棒。」林冲道：「大官人休要笑話。」就地也拿了一條棒起來道：「師父，請教。」洪教頭看了，恨不得一口水吞了他。林冲拿著棒使出山東大擂打將入來。洪教頭把棒就地下鞭了一棒，來搶林冲。兩個教頭在月明地上交手，使了四五合棒。只見林冲托地跳出圈子外來，叫一聲：「少歇！」柴進道：「教頭如何不使本事？」林冲道：「小人輸了。」柴進道：「未見二位較量，怎便是輸了？」林冲道：「小人只多這具枷，因此權當輸了。」柴進道：「是

小可一時失了計較。」大笑著道：「這個容易。」便叫莊客取十兩銀來，當時將至。柴進對押解兩個公人道：「小可大膽，相煩二位下顧，權把林教頭枷開了。明日牢城營內，但有事務，都在小可身上。白銀十兩相送。」董超、薛霸見了柴進人物軒昂，不敢違他；落得做人情，又得了十兩銀子，亦不怕他走了。薛霸隨即把林冲護身枷開了。柴進大喜道：「今番兩位教師再試一棒。」

洪教頭見他卻纔棒法怯了，肚裏平欺他，便提起棒，卻待要使。柴進叫道：「且住。」叫莊客取出十錠銀來，重二十五兩。無一時，至面前。柴進乃道：「二位教頭比試，非比其他。這錠銀子權為利物。若還贏的，便將此銀子去。」柴進心中只要林冲把出本事來，故意將銀子丟在地下。洪教頭深怪林冲來，又要爭這個大銀子，又怕輸了銳氣，把棒來盡心使個旗鼓，吐個門戶，喚做「把火燒天勢」。林冲想道：「柴大官人心裏只要我贏他。」也橫著棒，使個門戶，吐個勢，喚做「撥草尋蛇勢」。洪教頭喝一聲：「來，來，來！」便使棒蓋將入來。林冲望後一退。洪教頭趕入一步，提起棒，又復一棒下來。林冲看他腳步已亂了，把棒從地下一跳。洪教頭措手不及，就那一跳裏，

和身一轉,那棒直掃著洪教頭小腿脛骨上,撇了棒,撲地
倒了。柴進大喜,叫快將酒來把盞。眾人一齊大笑。洪教
頭那裏掙扎起來,眾莊客一頭笑著扶了。洪教頭羞慚滿面,
自投莊外去了。柴進攜住林冲的手,再入後堂飲酒,叫將
利物來送還教師。林冲那裏肯受,推托不過,只得收了。

柴進留林冲在莊上一連住了幾日,每日好酒好食相待,
又住了五七日,兩個公人催促要行,柴進又置席面相待送
行;又寫兩封書,分付林冲道:「滄州大尹也與柴進好;
牢城管營、差撥,亦與柴進交厚;可將這兩封書去下,必
然看覷教頭。」即捧出二十五兩一錠大銀送與林冲;又將
銀五兩齎發兩個公人,喫了一夜酒。次日天明,喫了早飯,
叫莊客挑了三個的行李。林冲依舊帶上枷,辭了柴進便行。
柴進送出莊門作別,分付道:「待幾日,小可自使人送冬
衣來與教頭。」林冲謝道:「如何報謝大官人!」兩個公
人相謝了。三人取路投滄州來。將及午牌時候,已到滄州
城裏。打發那挑行李的回去,逕到州衙裏下了公文,當廳
引林冲參見了州官。大尹當下收了林冲,押了回文,一面
帖下判送牢城營內來。兩個公人自領了回文,相辭了回東
京去,不在話下。

　　只說林冲送到牢城營內來。牢城營內收管林冲，發在單身房裏聽候點視。卻有那一般的罪人，都來看覷他，對林冲說道：「此間管營、差撥，十分害人，只是要詐人錢物。若有人情錢物送與他時，便覷的你好；若是無錢，將你攛在土牢裏，求生不生，求死不死。若得了人情，入門便不打你一百殺威棒，只說有病，把來寄下；若不得人情時，這一百棒打得個七死八活。」林冲道：「眾兄長如此指教。且如要使錢，把多少與他？」眾人道：「若要使得好時，管營把五兩銀子與他，差撥也得五兩銀子送他，十分好了。」正說之間，只見差撥過來問道：「那個是新來配軍？」林冲見問，向前答應道：「小人便是。」那差撥不見他把錢出來，變了面皮，指著林冲，罵道：「你這個賊配軍！見我如何不下拜，卻來唱喏！你這廝可知在東京做出事來！見我還是大剌剌的！我看這賊配軍滿臉都是餓紋，一世也不發跡！打不死，拷不殺的頑囚！你這把賊骨頭好歹落在我手裏！教你粉骨碎身！少間叫你便見功效！」把林冲罵得「一佛出世」，那裏敢抬頭應答？眾人見罵，各自散了。

　　林冲等他發作過了，去取五兩銀子，陪著笑臉，告道：
「差撥哥哥，些小薄禮，休言輕微。」差撥看了道：「你
教我送與管營——和俺的都在裏面？」林冲道：「只是送
與差撥哥哥的；另有十兩銀子，就煩差撥哥哥送與管營。」
差撥見了，看著林冲笑道：「林教頭，我也聞你的好名字。
端的是個好男子！想是高太尉陷害你了。雖然目下暫時受
苦，久後必然發跡。據你的大名，這表人物，必不是等閒
之人，久後必做大官！」林冲笑道：「總賴照顧。」差撥
道：「你只管放心。」又取出柴大官人的書禮，說道：
「相煩老哥將這兩封書下一下。」差撥道：「既有柴大官
人的書，煩惱做甚？這一封書直一錠金子。我一面與你下
書。少間管營來點你，要打一百殺威棒時，你便只說你一
路有病，未曾痊可。我自來與你支吾，要瞞生人的眼目。」
林冲道：「多謝指謝！」差撥拿了銀子並書，離了單身房，
自去了。林冲嘆口氣道：「『有錢可以通神』，此語不差！
端的有這般的苦處！」

　　原來差撥落了五兩銀子，只將五兩銀子並書來見管營，
備說：「林冲是個好漢，柴大官人有書相薦在此呈上，本
是高太尉陷害配他到此，又無十分大事。……」管營道，

「況是柴大官人有書，必須要看顧他。」便教喚林冲來見。

　　且說林冲正在單身房裏悶坐，只見牌頭叫道：「管營在廳上叫喚新到罪人林冲來點名。」林冲聽得喚，來到廳前。管營道：「你是新到犯人，太祖武德皇帝留下舊制：『新入配軍須喫一百殺威棒。』左右！與我馱起來！」林冲告道：「小人於路感冒風寒，未曾痊可，告寄打。」牌頭道：「這人見今有病，乞賜憐恕。」管營道：「果是這人證候在身，權且寄下，待病痊可卻打。」差撥道：「見今天王堂看守的多時滿了，可教林冲去替換他。」就廳上押了帖文，差撥領了林冲，單身房裏取了行李，來天王堂交替。差撥道：「林教頭，我十分周全你：教看天王堂。這是營中第一樣省氣力的勾當，早晚只燒香掃地便了。你看別的囚徒：從早直做到晚，尚不饒他；還有一等無人情的，撥他在土牢裏，求生不生，求死不死！」林冲道：「謝得照顧。」又取三二兩銀子與差撥道：「煩望哥哥一發周全，開了項上枷更好。」差撥接了銀子，便道：「都在我身上。」連忙去稟了管營，就將枷也開了。林冲自此在天王堂內安排宿食處，每日只是燒香掃地。不覺光陰早過了四五十日。那管營、差撥得了賄賂，日久情熟，鬆他

自在，亦不來拘管他。柴大官人又使來送冬衣並人事與他。那滿營內囚徒亦得林冲救濟。

　　話不絮煩。時遇隆冬將近，忽一日，林冲——巳牌時分——偶出營前閒走。正行之間，只聽得背後有人叫道：「林教頭，如何卻在這裏？」林冲回頭過來看時——見了那人，有分教林冲：火煙堆裏，爭些斷送餘生；風雪途中，幾被傷殘性命。畢竟林冲見了的是甚人，且聽下回分解。

第九回　林教頭風雪山神廟　陸虞候火燒草料場

　　話說當日林冲正閒走間，忽然背後人叫，回頭看時，卻認得是酒生兒李小二。當初在東京時，多得林冲看顧；後來不合偷了店主人家錢財，被捉住了，要送官司問罪，又得林冲主張陪話，救了他免送官司，又與他陪了些錢財，方得脫免；京中安不得身，又虧林冲齎發他盤纏，於路投奔人，不想今日卻在這裏撞見。

　　林冲道：「小二哥，你如何也在這裏？」李小二便拜道：「自從得恩人救濟，齎發小人，一地裏投奔人不著，迤邐不想來到滄州，投托一個酒店主人，姓王，留小人在店中做過賣。因見小人勤謹，安排的好菜蔬，調和的好汁水，來喫的人都喝采，以此買賣順當，主人家有個女兒，就招了小人做女婿。如今丈人丈母都死了，只剩得小人夫妻兩個，權在營前開了個茶酒店，因討錢過來遇見恩人。恩人不知為何事在這裏？」林冲指著臉上，道：「我因惡了高太尉，生事陷害，受了一場官司，刺配到這裏。如今叫我天王堂，未知久後如何。不想今日在此見你。」李小

二就請林冲到家裏坐定，叫妻子出來拜了恩人。兩口兒歡喜道：「我夫婦二人正沒個親眷，今日得恩人到來，便是從天降下。」林冲道：「我是罪囚，恐怕玷辱你夫妻兩個。」李小二道：「誰不知恩人大名？休恁地說！但有衣服，便拿來家裏漿洗縫補。」當時管待林冲酒食，至夜送回天王堂，次日又來相請。因此，林冲得店小二家來往，不時間送湯送水來營裏與林冲喫。因見他兩口兒恭敬孝順，常把些銀兩與他做本錢。

且把閒話休題，只說正話。光陰迅速，卻早冬來。林冲的綿衣裙襖都是李小二渾家整治縫補。忽一日，李小二正在門前安排菜蔬下飯，只見一個人閃將進來，酒店裏坐下，隨後又一人閃入來。看時，前面那個人是軍官打扮，後面這個走卒模樣，跟著也來坐下。李小二入來問道：「可要喫酒？」只見那個人將出一兩銀子與李小二道：「且收放櫃上，取三四瓶好酒來。客到時，果品酒饌，只顧將來，不必要問。」李小二道：「官人請甚客？」那人道：「煩你與我去營裏請管營、差撥兩個來說話。問時，你只說：『有個官人請說話，商議些事務，專等，專等！』」李小二應承了，來到牢城裏，先請了差撥，同到

管營家裏請了管營，都到酒店裏。只見那個官人和管營、差撥兩個講了禮。管營道：「素不相識，動問官人高姓大名？」那人道：「有書在此，少刻便知。且取酒來。」李小二連忙開了酒，一面鋪下菜蔬果品酒饌。那人叫討副勸盤來，把了盞，相讓坐了。小二獨自一個攛梭也似伏侍不暇。那跟來的人討了湯桶，自行燙酒。約計喫過數十杯，再討了按酒鋪放桌上。只見那人說道：「我自有伴當燙酒，不叫，你休來。我等自要說話。」

李小二應了，自來門首叫老婆，道：「大姐，這兩個人來得不尷尬！」老婆道：「怎麼的不尷尬？」小二道：「這兩個人語言聲音是東京人；初時又不認得管營；向後我將按酒入去，只聽得差撥口裏吶出一句「高太尉」三個字來，這人莫不與林教頭身上有些干礙？我自在門前理會，你且去閣子背後聽說甚麼。」老婆道：「你去營中尋林教頭來認他一認。」李小二道：「你不省得：林教頭是個性急的人，摸不著便要殺人放火。倘或叫得他來看了，正是前日說的甚麼陸虞候，他肯便罷？做出事來須連累了我和你。你只去聽一聽，再理會。」老婆道：「說得是。」便入去聽了一個時辰，出來說道：「他那三四個交頭接耳說

話，正不聽得說甚麼。只見那一個軍官模樣的人去伴當懷裏取出一帕子物事遞與管營和差撥。帕子裏面的莫不是金錢？只聽差撥口裏說道：『都在我身上，好歹要結果他生命！』──」正說之時，閣子裏叫：「將湯來。」李小二急去裏面換湯時，看見管營手裏拿著一封書。小二換了湯，添些下飯。又喫了半個時辰，算還了酒錢，管營、差撥先去了；次後，那兩個低著頭也去了。

轉背不多時，只見林冲走將入店裏來，說道：「小二哥，連日好買賣！」李小二慌忙道：「恩人請坐，小二卻待正要尋恩人，有些要緊話說。」林冲問道：「甚麼要緊的事？」李小二請林冲到裏面坐下，說道：「卻纔有個東京來的尷尬人，在我這裏請管營、差撥喫了半日酒。差撥口裏吶出『高太尉』三個字來。小二心下疑惑，又著渾家聽了一個時辰。他卻交頭接耳，說話都不聽得。臨了，只見差撥口裏應道：『都在我兩個身上。好歹要結果了他！』那兩個把一包金銀遞與管營、差撥，又喫一回酒，各自散了。不知甚麼樣人。小人心疑，只怕在恩人身上有些妨礙。」林冲道：「那人生得甚麼模樣？」李小二道：「五短身材，白淨面皮，沒甚髭鬚，約有三十餘歲。那跟的也

不長大，紫棠色面皮。」林冲聽了大驚道：「這三十歲的正是陸虞候！那潑賤敢來這裏害我！休要撞我，只教他骨肉為泥！」店小二道：「只要提防他便了；豈不聞古人云『喫飯防噎，走路防跌？』」

林冲大怒，離了李小二家，先去街上買把解腕尖刀，帶在身上，前街後巷一地裏去尋。李小二夫妻兩個捏著兩把汗。當晚無事。林冲次日天明起來，洗漱罷，帶了刀，又去滄州城裏城外，小街夾巷，團團尋了一日，牢城營裏，都沒動靜。又來對李小二道：「今日又無事。」小二道：「恩人，只願如此。只是自放仔細便了。」林冲自回天王堂，過了一夜。街上尋了三五日，不見消耗，林冲也自心下慢了。

到第六日，只見管營叫喚林冲到點視廳上，說道：「你來這裏許多時，柴大官人面皮，不曾抬舉得你。此間東門外十五里有座大軍草料場，每月但是納草納料的，有些常例錢取覓。原來是一個老軍看管。如今我抬舉你去替老軍來守天王堂，你在那裏尋幾貫盤纏。你可和差撥便去那裏交割。」林冲應道：「小人便去。」當時離了營中，

逕到李小二家，對他夫妻兩個說道：「今日管營撥我去大軍草料場管事，卻如何？」李小二道：「這個差使又好似天王堂：那裏收草料時有些常例錢鈔。往常不使錢時，不能彀這差使。」林冲道：「卻不害我，倒與我好差使，正不知何意？……」李小二道：「恩人，休要疑心。只要沒事便好了。正是小人家離得遠了，過幾時那工夫來望恩人。」就在家裏安排幾杯酒請林冲喫了。

話不絮煩。兩個相別了。林冲自到天王堂，取了包裹，帶了尖刀，拿了條花鎗，與差撥一同辭了管營。兩個取路投草料場來。正是嚴冬天氣，彤雲密布，朔風漸起；卻早紛紛揚揚，捲下一天大雪來。林冲和差撥兩個在路上又沒買酒喫處。早來到草料場外，看時，一週遭有些黃土牆，兩扇大門。推開看裏面時，七八間草屋做著倉廒，四下裏都是馬草堆，中間兩座草廳。到那廳裏，只見那老軍在裏面向火。差撥說道：「管營差這個林冲來替你回天王堂看守，你可即便交割。」老軍拿了鑰匙，引著林冲分付道：「倉廒內自有官府封起。這幾堆草，一堆堆都有數目。」老軍都點見了堆數，又引林冲到草廳上。老軍收拾行李，臨了說道：「火盆、鍋子、碗、碟，都借與你。」林冲道：

「天王堂內，我也有在那裏，你要便拿了去。」老軍指壁上掛一個大葫蘆，說道：「你若買酒喫時，只出草場投東大路去二三里便有市井。」老軍自和差撥回營裏來。

只說林冲就床上放了包裹被臥。就坐下生些燄火起來——屋後有一堆柴炭，拿幾塊來，生在地爐裏。仰面看那草屋時，四下裏崩壞了，又被朔風吹撼，搖振得動。林冲道：「這屋如何過得一冬？待雪晴了，去城中喚個泥水匠來修理。」向了一回火，覺得身上寒冷，尋思：「卻纔老軍所說，二里路外有那市井，何不去沽些酒來喫？」便去包裹裏取些碎銀子，把花鎗挑了酒葫蘆，將火炭蓋了，取氊笠子戴上，拿了鑰匙出來，把草廳門拽上；出到大門首，把兩扇草場門反拽上鎖了；帶了鑰匙，信步投東，雪地裏踏著碎瓊亂玉，迤邐背著北風而行。那雪正下得緊。

行不上半里多路，看見一所古廟，林冲頂禮道：「神明庇祐，改日來燒紙錢。」又行了一回，望見一簇人家。林冲住腳看時，見籬笆中，挑著一個草帚兒在露天裏。林冲逕到店裏。主人道：「客人，那裏來？」林冲道：「你認得這個葫蘆兒？」主人看了道：「這葫蘆是草料場老軍

177

的。」林冲道：「原來如此。」店主道：「即是草料場看
守大哥，且請少坐；天氣寒冷，且酌三杯，權當接風。」
店家切一盤熟牛肉，燙一壺熱酒，請林冲喫。又自買了些
牛肉，又喫了數杯，就又買了一葫蘆酒，包了那兩塊牛肉，
留下些碎銀子，把花鎗挑著酒葫蘆，懷內揣了牛肉，叫聲
「相擾」，便出籬笆門，仍舊迎著朔風回來。看那雪，到
晚越下得緊了。

再說林冲踏著那那瑞雪，迎著北風，飛也似奔到草場
門口，開了鎖，入內看時，只叫得苦。原來天理昭然，佑
護善人義士，因這場大雪，救了林冲的性命：那兩間草廳
已被雪壓倒了。林冲尋思：「怎地好？」放下花鎗、葫蘆
在雪裏；恐怕火盆內有火炭延燒起來，搬開破壁子，探半
身入去摸時，火盆內火種都被雪水浸滅了。林冲把手床上
摸時，只拽得一條絮被。林冲鑽將出來，見天色黑了，尋
思：「又沒打火處，怎生安排？」想起離了這半里路上有
個古廟可以安身，「我且去那裏宿一夜，等到天明，卻作
理會。」把被捲了，花鎗挑著酒葫蘆，依舊把門拽上，鎖
了；望那廟裏來。入得廟門，再把門掩上。旁邊正有一塊
大石頭，撥將過來靠了門。入得裏面看時，殿上塑著一尊

金甲山神，兩邊一個判官，一個小鬼，側邊堆著一堆紙。團團看來，又沒鄰舍，又無廟主。林冲把鎗和酒葫蘆放在紙堆上；將那條絮被放開；先取下氈笠子，把身上雪都抖了；把上蓋白布衫脫將下來，早有五分溼了，和氈笠放供桌上；把被扯來，蓋了半截下身；卻把葫蘆冷酒提來慢慢地喫，就將懷中牛肉下酒。

正喫時，只聽得外面必必剝剝地爆響。林冲跳起身來，就縫縫裏看時，只見草料場裏火起，刮刮雜雜的燒著。當時林冲便拿了花鎗，卻待開門來救火，只聽得外面有人說將話來。林冲就伏門邊聽時，是三個人腳響，直奔廟裏來；用手推門，卻被石頭靠住了，再也推不開。三人在廟簷下立地看火。數內一個道：「這一條計好麼？」一個應道：「端的虧管營、差撥兩位用心！回到京師，稟過太尉，都保你二位做大官。這番張教頭沒得推故了！」一個道：「林冲今番直喫我們對付了！高衙內這病必然好了！」又一個道：「張教頭那廝！三四五次托人情去說，『你的女婿沒了。』張教頭越不肯應承，因此衙內病患看看重了。太尉特使俺兩個央浼二位幹這件事；不想而今完備了！」又一個道：「小人直爬入牆裏去，四下草堆上點了十來個

火把，待走那裏去！」那一個道：「這早晚燒個八分過了。」又聽得一個道：「便逃得性命時，燒了大軍草料場，也得個死罪！」又一個道：「我們回城裏去罷。」一個道：「再看一看，拾得他兩塊骨頭回京，府裏見太尉和衙內時，也道我們也能會幹事。」

　　林冲聽那三個人時，一個是差撥，一個是陸虞候，一個是富安。自思道：「天可憐見林冲！若不是倒了草廳，我準定被這廝們燒死了！」輕輕把石頭掇開，挺著花鎗，左手拽開廟門，大喝一聲：「潑賊那裏去！」三個人都急要走時，驚得呆了，正走不動，林冲舉手，肐察的一鎗，先搠倒差撥。陸虞候叫聲：「饒命！」嚇的慌了手腳，走不動。那富安走不到十來步，被林冲趕上，後心只一鎗，又搠倒了。翻身回來，陸虞候卻纔行得三四步，林冲喝聲道：「好賊！你待那裏去！」劈胸只一提，丟翻在雪地上，把鎗搠在地裏，用腳踏住胸脯，身邊取出那口刀來，便去陸謙臉上擱著，喝道：「潑賊！我自來又和你無甚麼冤讎，你如何這等害我！正是『殺人可恕，情理難容！』」陸虞候告道：「不干小人事；太尉差遣，不敢不來。」林冲罵道：「奸賊！我與你自幼相交，今日倒來害我！怎不干你

事？且喫我一刀！」把陸謙上身衣扯開，把尖刀向心窩裏
只一剜，七竅迸出血來，將心肝提在手裏。回頭看時，差
撥正爬將起來要走。林冲按住喝道：「你這廝原來也恁的
歹，且喫我一刀！」又早把頭割下來，挑在鎗上。回來把
富安、陸謙頭都割下來，把尖刀插了，將三個人頭髮結做
一處，提入廟裏來，都擺在山神面前供桌上。再穿了白布
衫，繫了搭膊，把氈笠子帶上，將葫蘆裏冷酒都喫盡了。
被與葫蘆都丟了不要，提了鎗，便出廟門投東去。走不到
三五里，早見近村人家都拿了水桶、鉤子來救火。林冲道：
「你們快去救應！我去報官了來！」提著鎗只顧走。

　　那雪越下得猛。林冲投東走了兩個更次，身上單寒，
當不過那冷；在雪地裏看時，離得草料場遠了，只見前面
疏林深處，樹木交雜，遠遠地數間草屋，被雪壓著，破壁
縫裏透火光出來。林冲逕投那草屋來。推開門，只見那中
間坐著一個老莊客，周圍坐著四五個小莊家向火；地爐裏
面焰焰地燒著柴火。林冲走到面前，叫道：「眾位拜揖；
小人是牢城營差使人，被雪打溼了衣裳，借此火烘一烘，
望乞方便！」莊客道：「你自烘便了，何妨得。」林冲烘
著身上溼衣服，略有些乾，只見火炭裏煨著一個甕兒，裏

181

面透出酒香。林冲便道：「小人身邊有些碎銀子，望煩回些酒喫。」老莊客道：「我們夜輪流看米囤，如今四更，天氣正冷，我們這幾個喫尚且不彀，那得回與你。休要指望！」林冲又道：「胡亂只回三兩碗與小人攙寒。」老莊客道：「你那人休纏！休纏！」林冲聞得酒香，越要喫，說道：「沒奈何，回去罷。」眾莊客道：「好意著你烘衣裳向火，便要酒喫！去便去！不去時，將來吊在這裏！」林冲怒道：「這厮們好無道理！」把手中鎗看著塊焰焰著的火柴頭望老莊家臉上只一挑，又把鎗去火爐裏只一攪。那老莊家的髭鬚焰焰的燒著。眾莊客都跳將起來。林冲把鎗桿亂打，老莊家先走了，莊客們都動撣不動，被林冲趕打一頓，都走了。林冲道：「都走了！老爺快活喫酒！」土坑上卻有兩個椰瓢，取一個下來傾那甕酒來喫了一會，剩了一半。提了鎗，出門便走；一步高，一步低，踉踉蹌蹌，捉腳不住；走不過一里路，被朔風一掉，隨著那山澗邊倒了，那裏掙得起來？大凡醉人一倒便起得。當時林冲醉倒在雪地上。

卻說眾莊客引了二十餘人，迤鎗拽棒，都奔草屋下看時，不見了林冲；卻尋著蹤跡，趕將來，只見倒在雪地裏，

花鎗丟在一邊。眾莊客一齊上，就地拿起林冲來，將一條索縛了，趁五更時分把林冲解投一個去處來。

那去處不是別處，有分教：蓼兒洼內，前後擺數千隻戰艦艨艟；水滸寨中，左右列百十個英雄好漢。正是：說時殺氣侵人冷，講處悲風透骨寒。畢竟看林冲被莊客解投甚處來，且聽下回分解。

施耐庵

第十回　朱貴水亭施號箭　林冲雪夜上梁山

　　話說「豹子頭」林冲當夜醉倒在雪裏地上，掙扎不起，被眾莊客向前綁縛了，解送來一個莊院。只見一個莊客從院裏出來，說道：「大官人未起，眾人且把這廝高吊起在門樓下！」看看天色曉來，林冲酒醒，打一看時，果然好個大莊院。林冲大叫道：「甚麼人敢吊我在這裏！」那莊客聽得叫，手拿柴棍，從門房裏走出來，喝道：「你這廝還自好口！」那個被燒了髭鬚的老莊客說道：「休要問他！只顧打！等大官人起來，好生推問！」眾莊客一齊上。林冲被打，掙扎不得，只叫道：「不妨事！我有分辯處！」只見一個莊客來叫道：「大官人來了。」林冲朦朧地見個官人背叉著手，行將出來，至廊下，問道：「你等眾人打甚麼人？」眾莊客答道：「昨夜捉得個偷米賊人！」那官人向前來看時，認得是林冲，慌忙喝退莊客，親自解下，問道：「教頭緣何被吊在這裏？」眾莊客看見，一齊走了。林冲看時，不是別人，卻是小旋風柴進；連忙叫道：「大官人救我！」柴進道：「教頭為何到此被村夫恥辱？」林冲道：「一這難盡！」兩個且到裏面坐下，把這火燒草料

184

場一事備細告訴。柴進聽罷道：「兄長如此命蹇！今日天假其便，但請放心。這裏是小弟的東莊。且住幾時，卻再商量。」叫莊客取一籠衣裳出來，叫林冲徹裏至外都換了，請去煖閣裏坐地，安排酒食杯盤管待。自此，林冲只在柴進東莊上住了五七日，不在話下。

且說滄州牢城營裏管營首告林冲殺死差撥、陸虞候、富安等三人，放火延燒大軍草料場。州尹大驚，隨即押了公文帖，仰緝捕人員，將帶做公的，沿鄉歷邑，道店村坊，畫影圖形，出三千貫信賞錢捉拿正犯林冲。看看挨捕甚緊，各處村坊講動了。

且說林冲在柴大官人東莊上聽得這話，如坐針氈。俟候柴進回莊，林冲便說道：「非是大官人不留小弟，爭奈官司追捕甚緊，排家搜捉，倘或尋到大官人莊上時，須負累大官人不好。既蒙大官人仗義疏財，求借林冲些小盤纏，投奔他處棲身。異日不死，當效犬馬之報。」柴進道：「既是兄長要行，小人有個去處，作書一封與兄長去，如何？」林冲道：「若得大官人如此周濟，教小人安身立命。只不知投何處去？」柴進道：「是山東濟州管下一個水鄉，

地名梁山泊，方圓八百餘里，中間是宛子城、蓼兒洼。如
今有三個好漢在那裏紥寨：為頭的喚做『白衣秀士』王倫，
第二個喚做『摸著天』杜遷，第三個喚做『雲裏金剛』宋
萬。那三個好漢聚集著七八百小嘍囉打家劫舍。多有做下
迷天大罪的人都投奔那裏躲災避難，他都收留在彼。三位
好漢亦與我交厚，常寄書緘來。我今修一封書與兄長去投
那裏入夥，如何？」林冲道：「若得如此顧盼，最好。」
柴進道：「只是滄州道口見今官司張掛榜文；又差兩個軍
官在那裏搜檢，把住道口。兄長必用從那裏經過。……」
柴進低頭一想道：「再有個計策，送兄長過去。」林冲道：
「若蒙周全，死而不忘！」

　　柴進當日先叫莊客背了包裹出關去等。柴進卻備了三
二十四馬，帶了弓箭旗鎗，駕了鷹鷂，牽著獵狗，一行人
馬都打扮了，卻把林冲雜在裏面，一齊上馬，都投關外。
卻說把關軍官在關上，看見是柴大官人，卻都認得。原來
這軍官未襲職時，曾到柴進莊上，因此識熟。軍官起身道：
「大官人又去快活？」柴進下馬問道：「二位官人緣何在
此？」軍官道：「滄州大尹行移文書，畫影圖形，捉拿犯
人林冲，特差某等在此把守；但有過往客商，一一盤問，

纔放出關。」柴進笑道：「我這一夥人內，中間夾帶著林冲，你緣何不認得？」軍官也笑道：「大官人是識法度的，不到得肯夾帶了出去。請尊便上馬。」柴進又笑道：「只恁地相托得過？拿得野味，回來相送。」作別了，一齊上馬，出關去了。行得十四五里，卻見先去的莊客在那裏等候。柴進叫林冲下了馬，脫去打獵的衣服，卻穿上莊客帶來的自己衣裳，繫了腰刀，戴上紅纓氈笠，背上包裹，提了衮刀，相辭柴進，拜別了便行。

只說那柴進一行人上馬自去打獵，到晚方回，依舊過關，送些野味與軍官，回莊上去了。不在說下。

※※※

且說林冲與柴大官人別後，上路行了十數日，時遇暮冬天氣，彤雲密布，朔風緊起，又見紛紛揚揚下著滿天大雪。林冲踏著雪只顧走，看看天色冷得緊切，漸漸晚了，遠遠望見枕溪靠湖一個酒店，被雪漫漫地壓著。林冲奔入那酒店裏來，揭開蘆簾，拂身入去，倒側身看時，都是座頭。揀一處坐下，倚了衮刀，解放包裹，掛了氈笠，把腰

刀也掛了。只見一個保來問道：「客官，打多少酒？」林沖道：「先取兩角酒來。」酒保將個桶兒打兩角酒，將來放在桌上。林沖又問道：「有甚麼下酒？」酒保道：「有生熟牛肉、肥鵝、嫩雞。」林沖道：「先切二斤熟牛肉來。」酒保去不多時，將來鋪下一大盤牛肉，數般菜蔬，放個大碗，一面篩酒。林沖喫了三四碗酒，只見店裏一個人背叉著手，走出來門前看雪。那人問酒保道：「甚麼人喫酒？」林沖看那人時，頭戴深簷煖帽，身穿貂鼠皮襖，腳著一雙獐皮穿靮靴，身材長大，相貌魁宏，雙拳骨臉，三叉黃髯，只把頭來仰著看雪。

林沖叫酒保只顧篩酒。林沖說道：「酒保，你也來喫碗酒。」酒保喫了一碗，林沖問道：「此間去梁山泊還有多少路？」酒保答道：「此間要去梁山泊雖只數里，卻是水路，全無旱路。若要去時，須用船去，方纔渡得到那裏。」林沖道：「你可與我覓隻船兒。」酒保道：「這般大雪，天色又晚了，那裏去尋船隻。」林沖道：「我多與你些錢，央你覓隻船來，渡我過去。」酒保道：「卻是沒討處。」林沖尋思道：「這般卻怎的好？……」又喫了幾碗酒，悶上心來，驀然想起：「我先在京師做教頭，每日

六街三市遊玩喫酒；誰想今日被高俅這賊坑陷了我這一場，文了面，直斷送到這裏，閃得我有家難奔，有國難投，受此寂寞！」因感傷懷抱，問酒保借筆硯來，乘著一時酒興，向那白粉壁上寫下八句道：

仗義是林冲，為人最樸忠。江湖馳譽望，京國顯英雄。

身世悲浮梗，功名類轉蓬。他年若得志，威鎮泰山東！

撇下筆再取酒來。正飲之間，只見那個穿皮襖的漢子向前來，把林冲劈腰揪住，說道：「你好大膽！你在滄州做下迷天大罪，卻在這裏！見今官司出三千貫信賞錢捉你，卻是要怎地？」林冲道：「你道我是誰？」那漢道：「你不是豹子頭林冲？」林冲道：「我自姓張。」那漢笑道：「你莫胡說。見今壁上寫下名字。你臉上文著金印，如何要賴得過！」林冲道：「你真個要拿我？」那漢笑道：「我卻拿你做甚麼！」便邀到後面一個水亭上，叫酒保點起燈來，和林冲施禮，對面坐下。

那漢問道：「卻纔見兄長只顧問梁山泊路頭，要尋船

去，那裏是強人山寨，你待要去做甚麼？」林冲道：「實不相瞞，如今官司追捕小人緊急，無安身處，特投這山寨裏好漢入夥，因此要去。」那漢道：「雖然如此，必有個人薦兄長來入夥——」林冲道：「滄州橫海郡故友舉薦將來。」那漢道：「莫非小旋風柴進麼？」林冲道：「足下何以知之？」那漢道：「柴大官人與山寨中王大頭領交厚，常有書信往來。」原來王倫當初不得第之時，與杜遷投奔柴進，多得柴進留在莊子上住了幾時，臨起身又齎發盤纏銀兩，因此有恩。林冲聽了便拜道：「『有眼不識泰山！』願求大名。」那漢慌忙答禮。說道：「小人是王頭領手下耳目，姓朱，名貴。原是沂州沂水縣人氏。江湖上俱叫小弟做『旱地忽律』。山寨裏教小弟在此間開酒店為名，專一探聽往來客商經過。但有財帛者，便去山寨裏報知。但是孤單客人到此，無財帛的放他過去；有財帛的來到這裏，輕則蒙汗藥麻翻，重則登時結果，將精肉片為犯子，肥肉煎油點燈。卻纔見兄長只顧問梁山泊路頭，因此不敢下手。次後見寫出大名來，曾有東京來的人傳說兄長的豪傑，不期今日得會。既有柴大官人書緘相薦，亦是兄長名震寰海，王頭領必當重賞。」隨即安排魚肉，盤饌酒肴，到來相待。兩個在水亭上喫了半夜酒。林冲道：「如何能彀船來渡過

去？」朱貴道：「這裏自有船隻，兄長放心，且暫宿一宵，五更卻請起來同往。」當時兩個各自去歇息。睡到五更時分，朱貴自來叫起林冲來。洗漱罷，再取三五杯酒相待，喫了些肉食之類。此時天尚未明。朱貴到水亭上把窗子開了，取出一張鵲畫弓，搭上那一枝響箭，覷著對港敗蘆折葦裏面射將去。林冲道：「此是何意？」朱貴道：「此是山寨裏的號箭。少頃便有船來。」沒多時，只見對過蘆葦泊裏，三五個小嘍囉搖著一隻快船過來，逕到水亭下。朱貴當時引了林冲，取了刀仗、行李下船。小嘍囉把船搖開，望泊子裏去，奔金沙灘來。到得岸邊，朱貴同林冲上了岸。小嘍囉背了包裹，拿了刀仗，兩個好漢上山寨來。那幾個小嘍囉自把船搖到小港裏去了。

林冲看岸上時，兩邊都是合抱的大樹，半山裏一座斷金亭子。再轉將過來，見座大關。關前擺著鎗刀劍戟，弓弩戈矛，四邊都是擂木砲石。小嘍囉先去報知。二人進得關來，兩邊夾道旁遍擺著隊伍旗號。又過了兩座關隘，方纔到寨門口。林冲看見四面高山，三關雄壯，團團圍定；中間裏鏡面也似一片平地，可方三五百丈；靠著山口纔是正門；兩邊都是耳房。朱貴引著林冲來到聚義廳上，中間

交椅上坐著一個好漢，正是白衣秀士王倫；左邊交椅上坐
著摸著天杜遷；右邊交椅坐著雲裏金剛宋萬。朱貴、林冲
向前聲喏了。林冲立在朱貴側邊。朱貴便道：「這位是東
京八十萬禁軍教頭，姓林，名冲，綽號豹子頭。因被高太
尉陷害，刺配滄州。那裏又被火燒了大軍草料場。爭奈殺
死三人，逃走在柴大官人家，好生相敬。因此特寫書來，
舉薦入夥。」林冲懷中取書遞上。王倫接來拆開看了，便
請林冲來坐第四位交椅，朱貴坐了第五位；一面叫小嘍囉
取酒來，把了三巡，動問：「柴大官人近日無恙？」林冲
答道：「每日只在郊外獵較樂情。」

王倫動問了一回，驀然尋思道：「我卻是個不及第的
秀才，因鳥氣合著杜遷來這裏落草，續後宋萬來，聚集這
許多人馬伴當。我又沒十分本事，杜遷、宋萬武藝也只平
常。如今不爭添了這個人，他是京師禁軍教頭，必然好武
藝。倘若被他識破我們手段，他須占強，我們如何迎敵？
不若只是一怪，推卻事故，發付他下山去便了，免致後患。
只是柴進面上卻不好看，忘了日前之恩，如今也顧他不
得！」重教小嘍囉一面安排酒，整理筵宴，請林冲赴席。
眾好漢一同喫酒。將次席終，王倫叫小嘍囉把一個盤子托

出五十兩白銀，兩匹紵絲來。王倫起身說道：「大官人舉薦將教頭來敝寨入夥，爭奈小寨糧食缺少，屋宇不整，人力寡薄，恐日後誤了足下，亦不好看。略有些薄禮，望乞笑留；尋個大寨安身歇馬，切勿見怪。」林冲道：「三位頭領容覆：小人『千里投名，萬里投主』，憑托柴大官人面皮，逕投大寨入夥。林冲雖然不才，望賜收錄，當以一死向前，並無諂佞，實為平生之幸；不為銀兩齎發而來。乞頭領照察。」王倫道：「我這裏是個小去處，如何安著得你？休怪，休怪！」朱貴見了便諫道：「哥哥在上，莫怪小弟多言：山寨中糧食雖少，近村遠鎮可以去借；山場水泊，木植廣有，便要蓋千間房屋卻也無妨。這位是柴大官人力舉薦來的人，如何教他別處去？抑且柴大官人自來與山上有恩，日後得知不納此人，須不好看。這位又是有本事的人，他必然來出氣力。」杜遷道：「山寨中那爭他一個？哥哥若不收留，柴大官人知道時見怪，顯的我們忘恩背義。日前多曾虧了他，今日薦個人來，便恁推卻，發付他去？」宋萬也勸道：「柴大官人面上，可容他在這裏做個頭領，也好。不然，見得我們無義氣，使江湖上好漢見笑。」王倫道：「兄弟們不知：他在滄洲雖是犯了迷天大罪，今日上山，卻不知心腹；倘或來看虛實，如之奈

何？」林冲道：「小人一身犯了死罪，因此來投入夥，何故相疑？」王倫道：「既然如此，你若真心入夥，把一個投名狀來。」林冲便道：「小人頗識幾字，紙筆來便寫。」朱貴笑道：「教頭，你錯了。但凡好漢們入夥，須要納投名狀。是教你下山去殺得一個人，將頭獻納，他便無疑心：這個便謂之『投名狀』。」林冲道：「這事也不難，林冲便下山去等。只怕沒人過。」王倫道：「與你三日限。若三日內有投名狀來，便容你入夥；若三日內沒時，只得休怪。」林冲應承了。

當夜席散，朱貴相別下山，自去守店。林冲到晚取了刀仗、行李，小嘍囉引去客房內歇了一夜。次日早起來，喫些茶飯，帶了腰刀，提了衮刀，叫一個小嘍囉領路下山；把船渡過去，在僻靜小路上等候客人過往。從朝至暮，等了一日，並無一個孤單客人經過。林冲悶悶不已，和小嘍囉再過渡來，回到山寨中。王倫問道：「投名狀何在？」林冲答道：「今日並無一個過往，以此不曾取得。」王倫道：「你明日若無投名狀時，也難在這裏了。」林冲再不敢答應，心內自己不樂；來到房中，討些飯喫了，歇了一夜。

　　次日，清早起來，和小嘍囉喫了早飯，拿了衮刀又下山來。小嘍囉道：「俺們今日投南山路去等。」兩個過渡，來到林子裏等候，並不見一個客人過往。伏到午牌時候，一夥客人，約有三百餘人，結蹤而過，林冲又不敢動手，看他過去。又等了一歇，看看天色晚來，又不見一個客人過。林冲對小嘍囉道：「我恁地晦氣！等了兩日，不見一個孤單客人過往，如何是好？」小嘍囉道：「哥哥且寬心；明日還有一日限，我和哥哥去東山路上等候。」當晚依舊渡回。王倫說道：「今日投名狀如何？」林冲不敢答應，只嘆了一口氣。王倫笑道：「想是今日又沒了？我說與你三日限，今已兩日了。若明日再無，不必相見了，便請那步下山，投別處去。」林冲回到房中，端的是心內好悶，仰天長嘆道：「不想我今日被高俅那賊陷害，流落到此，天地也不容我，直如此命蹇時乖！」

　　過了一夜，次日，天明起來，討些飯食喫了，打拴那包裹撇在房中，跨了腰刀，提了衮刀，又和小嘍囉下山過渡投東山路上來。林冲道：「我今日若還取不得投名狀時，只得去別處安身立命！」兩個來到山下東路林子裏潛伏等

候。看看日頭中了，又沒一個人來。時遇殘雪初晴，日色
明朗。林冲提著衰力，對小嘍囉道：「眼見得又不濟事了！
不如趁早，天色未晚，取了行李，只得往別處去尋個所
在！」小校用手指：「好了！兀的不是一個人來？」林冲
看時，叫聲：「慚愧！」只見那個人遠遠在山坡下，望見
行來。待他來得較近，林冲把衰刀桿剪了一下，驀地跳將
出來。那漢子見了林冲，叫聲：「阿也！」撇了擔子，轉
身便走。林冲趕將去，那裏趕得上？那漢子閃過山坡去了。
林冲道：「你看我命苦麼？來了三日，甫能等得一個人來，
又喫他走了！」小校道：「雖然不殺得人，這一擔財帛可
以抵當。」林冲道：「你先挑了上山去，我再等一等。」
小嘍囉先把擔兒挑出林去。只見山坡下轉出一個大漢來。
林冲見了，說道：「天賜其便！」只見那人挺著朴刀，大
叫如雷，喝道：「潑賊！殺不盡的強徒！將俺行李那裏去！
洒家正要捉你這廝們，倒來拔虎鬚！」飛也似踴躍將來。
林冲見他來得勢猛，也使步迎他。

　　不是這個人來鬥林冲，有分教：梁山泊內，添幾個弄
風白額大蟲；水滸寨中，湊幾隻跳澗金睛猛獸。畢竟來與
林冲鬥的正是甚人，且聽下分解。

第十一回　梁山泊林冲落草　汴京城楊志賣刀

　　話說林冲打一看時，只見那漢子頭戴一頂范陽氈笠，上撒著一把紅纓；穿一領白緞子征衫，繫一條縱線條；下面青白間道行纏，抓著褲子口，獐皮襪，帶毛牛膀靴；跨口腰刀，提條朴刀；生得七尺五六身材，面皮上老大一搭青記，腮邊微露些少赤鬚；把氈笠子掀在脊梁上，坦開胸脯；帶著抓角兒軟頭巾，挺手中朴刀，高聲喝道：「你那潑賊！將俺行李財帛那裏去了。」林冲正沒好氣，那裏答應，圓睜怪眼，倒豎虎鬚，挺著朴刀，搶將來，鬥那個大漢。此時殘雪初晴，薄雲方散；溪邊踏一片寒冰，岸畔湧兩條殺氣。一往一來，鬥到三十來合，不分勝敗。兩個又鬥了十數合。正鬥到分際，只見山高處叫道：「兩位好漢，不要鬥了。」林冲聽得，驀地跳出圈子外來。兩個收住手中朴刀，看那山頂上時，卻是白衣秀士王倫和杜遷、宋萬並許多小嘍囉，走下山來，將船渡過了河，說道：「兩位好漢，端的好兩口朴刀，神出鬼沒！這個俺的兄弟豹子頭林冲。青面漢，你卻是誰？願通姓名！」那漢道：「洒家是三代將門之後，五侯楊令公之孫，姓楊名志。流落在此

關西。年紀小時曾應過武舉，做到殿司制使官。道君因蓋萬歲山，差一般十個制使去太湖邊搬運『花石綱』赴京交納。不想洒家時乖運蹇，押著那花石綱來到黃河裏，遭風打翻了船，失陷了花石綱，不能回京赴任，逃去他處避難。如今赦了俺們罪犯；洒家今來收的一擔兒錢物，待回東京去樞密院使用，再理會本身的勾當。打從這裏經過，雇請莊家挑那擔兒，不想被你們奪了。可把來還洒家，如何？」王倫道：「你莫是綽號喚做『青面獸』的？」楊志道：「洒家便是。」王倫道：「既然是楊制使，就請到山寨，喫三盃水酒，納還行李，如何？」楊志道：「好漢既然認得洒家，便還了俺行李，更強似請喫酒。」王倫道：「制使，小可數年前到東京應舉時，便聞制使大名；今日幸得相見，如何教你空去？且請到山寨少敘片時，並無他意。」楊志聽說了，只得跟了王倫一行人等過了河，上山寨來。就叫朱貴同上山寨相會。都來到寨中聚義廳上。左邊一帶，四把交椅，卻是王倫、杜遷、宋萬、朱貴；右邊一帶，兩把交椅，上首楊志，下首林冲。都坐定了。王倫叫殺羊置酒，安排筵宴，管待楊志，不在話下。

　　話休絮煩。酒至數杯，王倫心裏想道：「若留林冲，

實形容得我們不濟，不如我做個人情，並留了楊志，與他作敵。」因指著林冲對楊志道：「這個兄弟，他是東京八十萬禁軍教頭，喚做豹子頭林冲；因這高太尉那廝安不得好人，把他尋事刺配滄州。那裏又犯了事。如今也新到這裏。卻纔制使上東京勾當，不是王倫糾合制使：小可兀自棄文就武，來此落草。制使又是有罪的人，雖經赦宥，難復前職。亦且高俅那廝見掌軍權，他如何肯容你？不如只就小寨歇馬，大秤分金銀，大碗喫酒肉，同做好漢。不知制使心下主意若何？」楊志答道：「重蒙眾頭領如此帶攜，只是洒家有個親眷，見在東京居住。前者官事連累了他，不曾酬謝得他，今日欲要投那裏走一遭。望眾頭領還了洒家行李。如不肯還，楊志空手也去了。」王倫笑道：「既是制使不肯在此，如何敢勒逼入夥。且請寬心住一宵，明日早行。」楊志大喜。當日飲酒到二更方歇，各自去歇息了。次日早起來，又置酒與楊志送行。喫了早飯，眾頭領叫一個小嘍囉把昨夜擔兒挑了，一齊都送下山來，到路口與楊志作別。叫小嘍囉渡河，送出大路。眾人相別了，自回山寨。王倫自此方纔肯教林冲坐第四位，朱貴坐第五位。從此，五個好漢在梁山泊打家劫舍，不在話下。

※※※

　　只說楊志出了大路，尋個莊家挑了擔子，發付小嘍囉自回山寨。楊志取路，不數日，來到東京；入得城來，尋個客店，安歇下，莊客交還擔兒，與了些銀兩，自回去了。楊志到店中放下行李，解了腰刀、朴刀，叫店小二將些碎銀子買些酒肉喫了。過數日，央人來樞密院打點，理會本等的勾當，將出那擔兒金銀物買上告下，再要補殿司府制使職役。把許多東西都使盡了，方纔得申文書，引去見殿帥高太尉。來到廳前。那高俅把從前歷事文書都看了，大怒道：「既是你等十個制使去運花石綱，九個回到京師交納了，偏你這廝把花石綱失陷了！又不來首告，倒又在逃，許多時捉拿不著！今日再要勾當，雖經赦宥，所犯罪名，難以委用！」把文書一筆都批倒了，將楊志趕出殿帥府來。

　　楊志悶悶不已，只到客店中，思量：「王倫勸俺，也見得是。只為洒家清白姓字，不肯將父母遺禮來點污了，指望把一身本事，邊庭上一鎗一刀，博個封妻蔭子，也與祖宗爭口氣；不想又喫這一閃！高太尉！你忒毒害！恁地刻薄！」心中煩惱了一回。在客店裏又住幾日，盤纏使盡

了。楊志尋思道：「卻是怎地好？只有祖上留下這口寶刀，從來跟著洒家；如今事急無措，只得拿去街上貨賣，得千百貫錢鈔，好做盤纏，投往他處安身。」當日將了寶刀，插了草標兒，上市去賣。走到馬行街內，立了兩個時辰，並無一個人問。將立到晌午時分，轉來到天漢州橋熱鬧處去賣。

　　楊志立未久，只見兩邊的人都跑入河下巷內去躲。楊志看時，只見都亂攛，口裏說道：「快躲了！大蟲來也！」楊志道：「好作怪！這等一片錦城池，卻那得大蟲來？」當下立住腳看時，只見遠遠地黑凜凜一條大漢，喫得半醉，一步一顛撞將來。楊志看那人時，卻是京師有名的破落戶潑皮，叫做「沒毛大蟲」牛二，專在街上撒潑、行兇、撞鬧，連為幾頭官司，開封府也治他不下。以此，滿城人見那廝來，都躲了。

　　卻說牛二搶到楊志面前，就手裏把那口寶刀扯將出來，問道：「漢子，你這刀要賣幾錢？」楊志道：「祖上留下留下寶刀，要賣三千貫。」牛二喝道：「甚麼鳥刀！要賣許多錢！我三十文買一把，也切得肉，切得豆腐！你的鳥

刀有甚好處，叫做寶刀？」楊志道：「洒家的須不是店上賣的白鐵刀。這是寶刀。」牛二道：「怎地喚做寶刀？」楊志道：「第一件，砍銅剁鐵，刀口不捲；第二件，吹毛得過；第三件，殺人刀上沒血。」牛二道：「你敢剁銅錢麼？」楊志道：「你便將來，剁與你看。」

牛二便去州橋下香椒鋪討裏了二十文當三錢，一垛兒將來放在州橋欄干上，叫楊志道：「漢子，你若剁得開時，我還你三千貫！」那時看的人雖然不敢近前，向遠遠地圍住了望。楊志道：「這個直得甚麼！」把衣袖捲起，拿刀在手，看得較準，只一刀把銅錢剁做兩半。眾人喝采。牛二道：「喝甚麼鳥采！——你且說第二件是甚麼？」楊志道：「吹毛得過；若把幾根頭髮，望刀口上只一吹，齊齊都斷。」牛二道：「我不信！」自把頭上拔下一把頭髮，遞與楊志，「你且吹我看。」楊志左手接過頭髮，照著刀口上，盡氣力一吹，那頭髮都做兩段，紛紛飄下地來。眾人喝采。看的人越多了。

牛二又問：「第三件是甚麼？」牛志道：「殺人刀上沒血。」牛二道：「怎地殺人刀上沒血？」楊志道：「把

人一刀砍了，並無血痕。只是個快。」牛二道：「我不信！你把刀來剁一個人我看。」楊志道：「禁城之中，如何敢殺人？你不信時，取一隻狗來殺與你看。」牛二道：「你說殺人，不曾說殺狗！」楊志道：「你不買便罷！只管纏人做什麼？」牛二道：「你將來我看！」楊志道：「你只顧沒了當，洒家又是你撩撥的！」牛二道：「你敢殺我！」楊志道：「和你往日無冤，昔日無讎，一物不成，兩物見在。沒來繇殺你做甚麼。」牛二緊揪住楊志，說道：「我偏要買你這口刀！」楊志道：「你要買，將錢來！」牛二道：「我沒錢！」楊志道：「你沒錢，揪住洒家怎地？」牛二道：「我要你這口刀！」楊志道：「我不與你！」牛二道：「你好男子，剁我一刀！」楊志大怒，把牛二推了一交。牛二爬將起來，鑽入楊志懷裏。楊志叫道：「街坊鄰舍都是證見！楊志無盤纏，自賣這口刀，這個潑皮強奪洒家的刀，又把俺打！」街坊人都怕這牛二，誰敢向前來勸。牛二喝道：「你說我打你，便打殺，直甚麼！」口裏說，一面揮起右手，一拳打來。楊志霍地躲過，拿著刀搶入來；一時性起，望牛二顙根上搠個著，撲地倒了。楊志趕入去，把牛二胸脯上又連搠了兩刀，血流滿地，死在地上。

　　楊志叫道：「洒家殺死這個潑皮，怎肯連累你們。潑皮既已死了，你們都來同洒家去官府裏出首！」坊隅眾人慌忙攏來，隨同楊志，逕投開封府出首。正值府尹坐衙，楊志拿著刀，和地方鄰舍眾人都上廳來，一齊跪下，把刀放在面前。楊志道：「小人原是殿司制使，為因失陷花石綱，削去本身職役，無有盤纏，將這口刀在街貨賣；不期被個潑皮破落戶牛二強奪小人的刀，又用拳打小人，因此，一時性起，將那人殺死。眾鄰舍都是證見。」眾人亦替楊志告訴分訴了一回。府尹道：「既是自行前來出首，免了這廝入門的款打。」且叫取一面枷枷了。差兩員相官，帶了仵作行人，監押楊志並眾鄰舍一干人犯都來天漢州橋邊登場檢驗了，疊成文案。眾鄰舍都出了供狀，保放隨衙聽候，當廳發落，將楊志於死囚牢裏監守。

　　牢裏眾多押牢禁子、節級，見說楊志殺死沒毛大蟲牛二，都可憐他是個好男子，不來問他取錢，又好生看觑他。天漢州橋下眾人為是楊志除了街上害人之物，都斂些盤纏，湊些銀兩來，與他送飯，上下又替他使用。推司也觑他是個首身的好漢，又與東京街上除了一害，牛二家又沒苦主，

把款狀都改得輕了。三推六問，卻招做：「一時鬥毆殺傷，誤傷人命！」待了六十日限滿，當廳推司稟過府尹，將楊志帶出廳前，除了長枷，斷了二十脊杖，喚個文墨匠人刺了兩行「金印」，迭配北京大名府留守司充軍。那口寶刀沒官入庫。當廳押了文牒，差兩個防送公人，免不得是張龍、趙虎；把七斤半鐵葉盤頭護身枷釘了。分付兩個公人，便教監押上路。天漢州橋那幾個大戶科斂些銀兩錢物，等候楊志到來，請他兩個公人一同到酒店裏喫了些酒食，把出銀兩齎發兩位防送公人，說道：「念楊志是個好漢，與民除害；今去北京路途中，望乞二位上下照覷，好生看他一看。」張龍、趙虎道：「我兩個也知他是好漢，亦不必你眾位分付，但請放心！」楊志謝了眾人。其餘多的銀兩盡送與楊志做盤纏，眾人各自散了。

話裏只說楊志同兩個公人來到原下的客店裏，算還了房錢、飯錢，取了原寄的衣服、行李，安排些酒食請了兩個公人，尋醫士贖了幾個棒瘡的膏藥貼了棒瘡，便同兩個公人上路。三個望北京進發，五里單牌，十里雙牌；逢州過縣，買些酒肉，不時請張龍、趙虎喫。三個在路，夜宿旅館，曉行驛道，不數日，來到北京，入得城中，尋個客

店安下。原來北京大名府留守司，上馬管軍，下馬管民，最有權勢。那留守喚作梁中書，諱世傑；他是東京當朝太師蔡京的女婿。當日是二月初九日，留守陞廳，兩個公人解楊志到留守司廳前，呈上開封府公文。梁中書看了。原在東京時也曾認得楊志。當下一見了，備問情繇。楊志便把高太尉不容復職，使盡錢財，將寶刀貨賣，因而殺死牛二的實情，通前一一告稟了。梁中書聽得大喜，當廳就開了枷，留在廳前聽用，押了批迴與兩個公人自回東京，不在話下。

只說楊志自在梁中書府中早晚慇懃聽候使喚。梁中書見他謹勤，有心要抬舉他，欲要遷他做個軍中副牌，月支一分請受，只恐眾人不伏；因此，傳下號令，教軍政司告示大小諸將人員來日都要出東郭門教場中去演武試藝。當晚，梁中書喚楊志到廳前。梁中書道：「我有心要抬舉你做軍中副牌，月支一分請受，只不知你武藝如何？」楊志稟道：「小人應過武舉出身，曾做殿司制使職役。這十八般武藝，自小習學。今日蒙恩相抬舉，如撥雲見日一般。楊志若得寸進，當效啣環背鞍之報。」梁中書大喜，賜與一副衣甲。當夜無事。

　　次日天曉，時當二月中旬，正值風和日暖。梁中書早飯已罷，帶領楊志上馬，前遮後擁，往東郭門來。到得教場中，大小軍卒並許多官員接見，就演武廳前下馬，到廳上，正面撒著一把渾銀交椅坐上。左右兩邊齊臻臻地排著兩行官員：指揮使、團練使、正制使、統領使、牙將、校尉、正牌軍、副牌軍。前後周圍惡狠狠地列著百員將校。正將臺上立著兩個都監：一個喚做「李天王」李成，一個喚做「聞大刀」聞達。二人皆有萬夫不當之勇，統領著許多軍馬，一齊都來朝著梁中書呼三聲喏。卻早將臺上豎起一面黃旗來。將臺兩邊，左右列著三五十對金鼓手，一齊發起擂來。品了三通畫角，發了三通擂鼓，教場裏面誰敢高聲！又見將臺上豎起一面淨平旗來，前後五軍一齊整肅。將臺上把一面引軍紅旗麾動，只見鼓聲響處，五百軍列成兩陣，軍士各執器械在手。將臺上又把白旗招動，兩陣馬軍齊齊地都立在面前，各把馬勒住。

　　梁中書傳下令來，叫喚副牌軍周謹向前聽令。右陣裏周謹聽得呼喚，躍馬到廳前，跳下馬，插了鎗，暴雷也似聲個大喏。梁中書道：「著副牌軍施逞本身武藝。」周謹

得了將令，綽鎗上馬，在演武廳前，左盤右旋，右旋左盤，將手中鎗使了幾路。眾人喝采。梁中書道：「叫東京對撥來的軍健楊志。」楊志轉過廳前，唱個大喏。梁中書道：「楊志，我知你原是東京殿司府制使軍官，犯罪配來此間。即目盜賊猖狂，國家用人之際。你敢與周謹比試武藝高低？如若贏得，便遷你充其職役。」楊志道：「若蒙恩相差遣，安敢有違鈞旨。」梁中書叫取一匹戰馬來，教甲仗庫隨行官吏應付軍器；教楊志披掛上馬，與周謹比試。楊志去廳後把夜來衣甲穿了；拴束罷，帶了頭盔、弓箭、腰刀，手拿長鎗上馬，從廳後跑將出來。梁中書看了道：「著楊志與周謹先比鎗。」周謹怒道：「這個賊配軍！敢來與我交鎗！」誰知惱犯了這個好漢，來與周謹鬥武。

不因這番比試，有分教楊志在：萬馬叢中聞姓字，千軍隊裏奪頭功。畢竟楊志與周謹比試，引出甚麼人來，且聽下回分解。

第十二回　青面獸北京鬥武　急先鋒東郭爭功

　　話說當時周謹、楊志兩個勒馬在門旗下，正欲交戰交鋒。只見兵馬都監聞達喝道：「且住！」自上廳來稟復梁中書道：「復恩相：論這兩個比試武藝，雖然未見本事高低，鎗刀本是無情之物，只宜殺賊勦寇。今日軍中自家比試，恐有傷損；輕則殘疾，重則致命；此乃於軍不利。可將兩根鎗去了鎗頭，各用氈片包裹，地下蘸了石灰，再各上馬，都與皂衫穿著；但用鎗桿廝搠；如白點多都當輸。」梁中書道：「言之極當。」隨即傳今下去。

　　兩個領了言語，向這演武廳後去了鎗尖，都用氈片包了，縛成骨朵；身上各換了皂衫，各用鎗去石灰桶裏蘸了石灰，再各上馬，出到陣前。那周謹躍馬挺鎗，直取楊志；這楊志也拍戰馬，撚手中鎗，來戰周謹。兩個在陣前，來來往往，番番復復；攪做一團，扭做一塊；鞍上人鬥人，坐下馬鬥馬。兩個鬥了四五十合，看周謹時，恰似打翻了豆腐的，斑斑點點約有三五十處；看楊志時，只有左肩胛下一點白。梁中書大喜，叫喚周謹上廳，看了跡道：「前

官參你做個軍中副牌，量你這般武藝，如何南征北討？怎生做得正請受的副牌？教楊志替此人職役。」

管軍兵馬都監李成上廳稟復梁中書道：「周謹鎗法生疏，弓馬熟嫻；不爭把他來退了職事，恐怕慢了軍心。再教周謹與楊志比箭，如何？」梁中書道：「言之極當。」再傳下將令來，叫楊志與周謹比箭。兩個得了將令，都插了鎗，各關了弓箭。楊志就弓袋內取出那張弓來，扣得端正，擎了弓，跳上馬，跑到廳前，立在馬上，欠身稟復道：「恩相，弓箭發處，事不容情；恐有傷損，乞請鈞旨。」梁中書道：「武夫比試，何慮傷殘？但有本事，射死勿論。」楊志得令，回到陣前。

李成傳下言語，叫兩個比箭好漢各關與一面遮箭牌防護身體。兩個各領了遮箭防牌，綰在臂上，楊志說道：「你先射我三箭，後卻還你三箭。」周謹聽了，恨不得把楊志一箭射個透明。楊志終是個軍官出身，識破了他手段，全不把他為事。

當時將臺上早把青旗麾動，楊志拍馬望南邊去。周謹

縱馬趕來，將韁繩搭在馬鞍上，左手拿著弓，右手搭上箭，拽得滿滿地，望楊志後心颼地一箭。楊志聽得背後弓弦響，霍地一閃，去鐙裏藏身，那枝箭早射個空。周謹見一箭射不著，卻早慌了；再去壺中急取第二枝箭來，搭上了弓弦，覷的楊志較親，望後心再射一箭。

楊志聽得第二枝箭來。卻不去鐙裏藏身：那枝箭風也似來，楊志那時也取弓在手，用弓梢只一撥，那枝箭滴溜溜撥下草地裏去了。周謹見第二枝箭又射不著，心裏越慌。楊志的馬早跑到教場盡頭；霍地把馬一兜，那馬便轉身望正廳上走回來。周謹也把馬只一勒，那馬也跑回，就勢裏趕將來。去那綠茸茸芳草地上，八個馬蹄，翻盞撒鈸相似，勃喇喇地風團兒也似般走。周謹再取第三枝箭搭在弓弦上，扣得滿滿地，儘平生氣力，眼睜睜地看著楊志後心窩上只一箭射將來。楊志聽得弓弦響，扭回身，就鞍上把那枝箭只一綽，綽在手裏，便縱馬入演武廳前，撇下周謹的箭。

梁中書見了，大喜，便下號令，卻叫楊志也射周謹三箭。將臺上又把青旗麾動。周謹撇了弓箭，拿了防牌在手，拍馬望南而走。楊志在馬上把腰只一縱，略將腳一拍，那

馬潑喇喇的便趕。楊志先把弓虛扯一扯；周謹在馬上聽得腦後弓弦響，扭轉身來，便把防牌來迎，卻早接個空。周謹尋思道：「那廝只會使鎗，不會射箭。等他第二枝箭再虛詐時，我便喝住了他，便算我贏了。」周謹的馬早到教場南盡頭，那馬便轉望演武廳來。楊志的馬見周謹馬跑轉來，那馬也便回身。楊志早去壺中掣出一枝箭來，搭在弓弦上，心裏想道：「射中他後心窩，必至傷了他性命；我和他又沒冤讎，洒家只射他不致命處便了。」左手如托泰山，右手如抱嬰孩；弓開如滿月，箭去似流星；說時遲，那時快；一箭正中周謹左肩，周謹措手不及，翻身落馬。那匹空馬直跑過演武廳背後去了。眾軍卒自去救那周謹去了。

梁中書見了大喜，叫軍政司便呈文案來，教楊志截替了周謹職役。楊志神色不動，下了馬，便向廳前來拜謝恩相，充其職役。不想階下左邊轉上一個人來，叫道：「休要謝職！我和你兩個比試！」楊志看那人時，身材七尺以上長短，面圓耳大，唇闊口方，腮邊一部落腮鬍鬚，威風凜凜，相貌堂堂，直到梁中面前聲了喏，稟道：「周謹患病未痊，精神不到，因此誤輸與楊志。小將不才，願與楊

志比試武藝。如若小將折半點便宜與楊志，休教截替周謹，便教楊志替了小將職役，雖死而不怨。」梁中書看時，不是別人，卻是大名府留守司正牌軍索超。為是他性急，撮鹽入火，為國家面上只要爭氣，當先廝殺，以此人都叫他做「急先鋒」。

李成聽得，便下將臺來，直到廳前稟復道：「相公，這楊志既是殿司制使，必然好武藝，須臾周謹不是對手。正好與索正牌比試武藝，便見優劣。」梁中書聽了，心中想道：「我指望一力要抬舉楊志，眾將不伏；一發等他贏了索超，他們也死而無怨，卻無話說。」梁中書隨即喚楊志上廳，問道：「你與索超比試武藝，如何？」楊志稟道：「恩相將令，安敢有違？」梁中書道：「既然如此，你去廳後換了裝束，好生披掛。」教甲仗庫隨行官吏取應用軍器給與，就叫：「牽我的戰馬借與楊志騎。小心在意，休覷得等閒。」楊志謝了，自去結束。

卻說李成分付索超道：「你卻難比別人。周謹是你徒弟，先自輸了，你若有些疏失，喫他把大名府軍官都看得輕了。我有一匹慣曾上陣的戰馬並一副披掛，都借與你。

小心在意，休教折了銳氣！」索超謝了，也自去結束。

梁中書起身，走出階前來。從人移轉銀交椅，直到月臺欄干邊放下。梁中書坐定，左右祗候兩行；喚打傘的撐開那把銀葫蘆頂茶褐羅三簷涼傘來蓋定在梁中書背後。將臺上傳下將令，早把紅旗招動，兩邊金鼓齊鳴，發一通擂；去那教場中兩陣內各放了個砲。砲響處，索超跑馬入陣內，藏在門旗下；楊志也從陣前跑馬入軍中，直到門旗背後，將臺上又把黃旗招動，又發了一通擂。兩軍齊吶一聲喊，教場中誰敢做聲，靜蕩蕩的。再一聲鑼響，扯起淨平白旗，兩下眾官沒一個敢走動胡言說話，靜靜地立著。

將臺上又青旗招動。只見第三通戰鼓響處，去那左邊陣內門旗下看看分開，鸞鈴響處，閃出正牌軍索超，直到陣前，兜住馬，拿軍器在手，果是英雄！但見：頭戴一頂熟鋼獅子盔，腦袋斗大來一顆紅纓，身披一副鐵葉攢成鎧甲，腰繫一條鍍金獸面束帶，前後兩面青銅護心鏡，上籠著一領緋紅團花袍，上面垂兩條綠絨縷領帶；下穿一隻斜皮氣跨靴；左帶一張弓，右懸一壺箭；手裏橫著一柄金蘸斧，坐下李都監那匹慣戰能征雪白馬。右邊陣內門旗下看

看分開，鸞鈴響處，楊志提手中鎗出馬，直至陣前，勒住馬，橫著鎗在手，果是勇猛！但見：頭戴一頂鋪霜耀日鑌鐵盔，上撒著一把青纓；身穿一副鈎嵌梅花榆葉甲，繫一條紅絨打就勒甲條，前後獸面掩心；上籠著一領白羅生色花袍，垂著條紫絨飛帶；腳登一雙黃皮襯底靴；一張皮靶弓，數根鑿子箭；手中挺著渾鐵點鋼槍，騎的是梁中書那匹火塊赤千里嘶風馬。兩邊軍將暗暗地喝采：雖不知武藝如何，先見威風出眾。

正南上旗牌官拿著銷金「令」字旗，驟馬而來，喝道：「奉相公鈞旨，教你兩個俱各用心。如有虧誤處，定行責罰；若是贏時，多有重賞。」二人得令，縱馬出陣，都到教場中心。兩馬相交，二般兵器並舉。索超忿怒，輪手中大斧，拍馬來戰楊志；楊志逞威，撚手中神鎗來迎索超。兩個在教場中間，將臺前面，二將相交，各賭平生本事。一來一往，一去一回；四條臂膊縱橫，八隻馬蹄撩亂。兩個鬥到五十餘合，不分勝敗，月臺上梁中書看得呆了。兩邊眾軍官看了，喝采不迭。陣前上軍士們遞相廝覷道：「我們做了許多年軍，也曾出了幾遭征，何曾見這等一對好漢廝殺！」李成、聞達在將臺上不住聲叫道：「好鬥！」

　　聞達心上只恐兩個內傷了一個，慌忙招呼旗牌官拿著「令」字旗與他分了。將臺上忽的一聲鑼響，楊志和索超鬥到是處，各自要爭功，那裏肯回馬？旗牌官飛來叫道：「兩個好漢歇了，相公有令！」楊志、索超方纔收了手中軍器，勒坐下馬，各跑回本陣來，立馬在旗下看那梁中書，只等將令。李成、聞達下將臺來，直到月臺下，稟復梁中書道：「相公，據這兩個武藝一般，皆可重用。」梁中書大喜，傳下將令，喚楊志、索超。旗牌官傳令，喚兩個到廳前，都下了馬。小校接了二人的軍器。兩個都上廳來，躬身聽令。梁中書叫取兩錠白銀，兩副表裏來賞賜二人；就叫軍政司將兩個都陞做管軍提轄使；便叫貼了文案，從今日便參了他兩個。索超、楊志都拜謝了梁中書，將著賞賜下廳來，解了鎗刀、弓箭，卸了頭盔、衣甲，換了衣裳。索超也自去了披掛，換了錦襖。都上廳來，再拜謝了眾軍官。梁中書叫索超、楊志兩個也見了禮，入班做了提轄。眾軍卒打著得勝鼓，把著那金鼓旗先散。梁中書和大小軍官都在演武廳上筵宴。

　　看看紅日西沉，筵席已罷，梁中書上了馬，眾官員都

送歸府。馬頭前擺著這兩個新參的提轄，上下肩都騎著馬，頭上都帶著紅花，迎入東郭門來。兩邊街道，扶老攜幼，都看了歡喜。梁中書在馬上問道：「你那百姓歡喜為何？莫非哂笑下官？」眾老人都跪了稟道：「老漢等生在北京，長在大名，從不曾見今日這等兩個好漢將軍比試！今日教場中看了這般敵手，如何不歡喜！」梁中書在馬上聽了大喜。回到府中，眾官各自散了。索超自有一斑弟兄請去作慶飲酒；楊志新來，未有相識，自去梁府宿歇，早晚慇懃聽候使喚，都不在話下。

※※※

且把這閒話丟過，只說正話。自東郭演武之後，梁中書十分愛惜楊志，早晚與他並不相離，月中又有一分請受，自漸漸地有人來結識他。那索超見了楊志手段高強，心中也自欽伏。

不覺光陰迅速，又早春盡夏來。時逢端午，蕤賓節至。梁中書與蔡夫人在後堂家宴，慶賀端陽。酒至數杯，食供兩套，只見蔡夫人道：「相公自從出身，今日為一統帥，

掌握國家重任，這功名富貴從何而來？」梁中書道：「世傑自幼讀書，頗知經史；人非草木，豈不知泰山之恩？提攜之力，感激不盡！」蔡夫人道：「相公既知我父恩德，如何忘了他生辰？」梁中書道：「下官如何不記得泰山是六月十五日生辰。已經人將十萬貫收買金珠寶貝，送上京師慶壽。一月之前，幹人都關領去了，見今九分齊備。數日之間，也待打點停當，差人起程。只是一件在此躊躇：上年收買了許多玩器並金珠寶貝，使人送去，不到半路，盡被賊人劫了，枉費了這一遭財物，至今嚴捕賊人不獲。今年叫誰人去好？」蔡夫人道：「帳前見有許多軍校，你選擇知心腹的人去便了。」梁中書道：「尚有四五十日，早晚催併禮物完足，那時選擇去人去遲。夫人不必掛心。世傑自有理會。」當日家宴，午牌至二更方散，自此不在話下。

※※※

卻說山東濟州鄆城縣新到任一個知縣，姓時，名文彬。當日陞廳，公座左右兩邊排著公吏人等。知縣隨即叫喚尉司捕盜官員並兩個巡捕都頭。本縣尉司管下有兩個都頭：

一個喚做步兵都頭，一個喚做馬兵都頭。這馬兵都頭管著二十匹坐馬弓手，二十個士兵；那步兵都頭管著二十個使鎗的頭目，二十個士兵。這馬兵都頭姓朱，名仝；身長八尺四五，有一部虎鬚髯，長一尺五寸；面如重棗，目若朗星，似關雲長模樣；滿縣人都稱他做「美髯公」；原是本處富戶，只因他仗義疏財，結識江湖上好漢，學得一身好武藝。那步兵都頭姓雷，名橫；身長七尺五寸，紫棠色面皮，有一部扇圈鬍鬚；為他膂力過人，能跳三二丈闊澗，滿縣人都稱他做「插翅虎」；原是本縣打鐵匠人出身；後來開張碓房，殺牛放賭；雖然仗義，只有些心地褊窄，也學得一身好武藝。

那朱仝、雷橫兩個專管擒拿賊盜。當日，知縣呼喚兩個上廳來，聲了喏，取台旨。知縣道：「我自到任以來，聞知本府濟州管下所屬水鄉梁山泊賊盜，聚眾打劫，拒敵官軍。亦恐各鄉村盜賊猖狂，小人甚多。今喚你等兩個，休辭辛苦，與我將帶本管士兵人等，一個出西門，一個出東門，分投巡捕。若有賊人，隨即勦獲申解。不可擾動鄉民。體知東溪村山上有株大紅葉樹，別處皆無，你們眾人採幾片來縣裏呈納，方表你們曾巡到那裏。若無紅葉，便

是汝等虛妄，定行責罰不恕。」兩個都領了台旨，各自回
歸，點了本管士兵，分投自去巡察。

　　不說朱仝引人出西門，自去巡捕。只說雷橫當晚引了
二十個士兵，出東門繞村巡察，遍地裏走了一遭，回來到
東溪村山上，眾人採了那紅葉，就下村來。行不到三二里，
早到靈官廟前，見殿門不關。雷橫道：「這殿裏又沒有廟
祝，殿門不關，莫不有歹人在裏面麼？我們直入去看一
看。」眾人拿著火一齊照將入來。只見供桌上赤條條地睡
著一個大漢。天道又熱，那漢子把些破衣裳團做一塊作枕
頭枕在項下，齁齁的沉睡著了在供桌上。雷橫看了道：
「好怪！好怪！知縣相公忒神明！原來這東溪村真個有
賊！」大喝一聲。那漢卻待要掙挫，被二十個士兵一齊向
前，把那漢子一條索綁了，押出廟門，投一個保正莊上來。

　　不是投那個去處，有分教：東溪村裏，聚三四籌好漢
英雄；鄆城縣中，尋十萬貫金珠寶貝。正是：天上罡星來
聚會，人間地煞得相逢。畢竟雷橫拿住那漢投解甚處來，
且聽下回分解。

第十三回　赤髮鬼醉臥靈官殿　晁天王認義東溪村

　　話說當時雷橫來到靈官殿上，見了這大漢睡在供桌上。眾士兵上前，把條索子綁了。捉離靈官殿來。天色卻早，是五更時分。雷橫道：「我們且押這廝去晁保正莊上，討些點心喫了，卻解去縣裏取問。」一行眾人卻都奔這保正莊上來。

　　原來那東溪村保正姓晁，名蓋，祖是本縣本鄉富戶，平生仗義疏財，專愛結識天下好漢，但有人來投奔他的，不論好歹，便留在莊上住；若要去時，又將銀兩齎助他起身；最愛刺鎗使棒，亦自身強力壯，不娶妻室，終日只是打熬筋骨。鄆城縣管下東門外有兩個村坊：一個東溪村，一個西溪村；只隔著一條大溪。當初這西溪村常常有鬼，白日迷人下水，聚在溪裏，無可奈何。忽一日，有個僧人經過，村中人備細說知此事。僧人指個去處，教用青石鑿個寶塔放於所在，鎮住溪邊。其時西溪村的鬼都趕過東溪村來。那時晁蓋得知了，大怒，從溪裏走將過去，把青石寶塔獨自奪了過來，東溪邊放下。因此，人皆稱他做「托

塔天王」。晁蓋獨霸在那村坊，江湖都聞他名字。

　　那早雷橫並士兵押著那漢來到莊前敲門。莊裏莊客聞知，報與保正。此時晁蓋未起，聽得報是雷橫來到，慌忙叫開門。莊客開得莊門，眾士兵先把那漢子吊在門房裏。雷橫自引了十數個為頭的入到草堂上坐下。晁蓋起來接待，動問道：「都頭有甚公幹到這裏？」雷橫答道：「奉知縣相公鈞旨，著我與朱仝兩個引了部下士兵分投下鄉村各處巡捕賊盜，因走得力乏，欲得少歇，逕到貴莊暫息。有驚保正安寢。」晁蓋道：「這個何妨！」一面叫莊客安排酒食管待，先把湯來喫。晁蓋動問道：「敝莊曾拿得個把小賊麼？」雷橫道：「卻纔前面靈官殿上有個大漢睡著在那裏。我看那廝不是良善君子，一定是醉了，便就睡著。我們把索子縛綁了，本待便解去縣裏見官，一者忒早些，二者也要教保正知道，恐日後父母官問時，保正也好答應。見今吊在貴莊門房裏。」晁蓋聽了，記在心，稱謝道：「多虧都頭見報。」少刻，莊客捧出盤饌酒食。晁蓋說道：「此間不好說話，不如去後廳軒下少坐。」便叫莊客裏面點起燈燭，請都頭裏面酌杯。晁蓋坐了主位，雷橫坐了客席。兩個坐定，莊客鋪下果品按酒菜蔬盤饌，莊客一面篩

酒。晁蓋又叫置酒與士兵眾人喫，莊客請眾人，都引去廊下客位裏管待，大盤肉，大碗酒，只管叫眾人喫。

　　晁蓋一頭相待雷橫飲酒，一面自肚裏尋思：「村中有甚小賊喫他拿了？我且自去看是誰。」相陪喫了五七杯酒，便叫家裏一個主管出來，「陪奉都頭坐一坐，我去淨了手便來。」那主管陪侍著雷橫喫酒。晁蓋卻去裏面拿了個燈籠，逕來門樓下看時，士兵都去喫酒，沒一個在外面。晁蓋便問看門的莊客：「都頭拿的賊吊在那裏？」莊客道：「在門房裏關著。」晁蓋去推開門，打一看時，只見高高吊起那漢子在裏面，露出一身黑肉，下面扎起兩條黑魋魋毛腿，赤著一隻腳。晁蓋把燈照那人臉時，紫黑闊臉，鬢邊一搭硃砂記，上面生一片黑黃毛。晁蓋便問道：「漢子，你是那裏人？我村中不曾見有你。」那漢道：「小人是遠鄉客人，來這裏投奔一個人，卻把我拿來做賊。我須有分辯處。」晁蓋道：「你來我這村中投奔誰？」那漢道：「我來這村中投奔一個好漢。」晁蓋道：「這好漢叫做甚麼？」那漢道：「他喚做晁保正。」晁蓋道：「你卻尋他有甚勾當？」那漢道：「他是天下聞名的義士好漢，如今我有一套富貴，要與他說知，因此而來。」晁蓋道：「你

且住，只我便是晁保正。卻要我教你，你只認我做娘舅之親。少刻我送雷都頭那人出來時，你便叫我做阿舅，我便認你做外甥。便說四五歲離了這裏，今番來尋阿舅。因此不認得。」那漢道：「若得如此救護，深感厚恩。義士提攜則個！」

當時晁蓋提了燈籠自出房來，仍舊把門拽上，急入後廳來見雷橫，說道：「甚是慢客。」雷橫道：「多多相擾，理甚不當。」兩個又喫了數杯酒，只見窗子外射入天光來。雷橫道：「東方動了，小人告退，好去縣中畫卯。」晁蓋道：「都頭官身，不敢久留。若再到敝村公幹，千萬來走一遭。」雷橫道：「卻得再來拜望，請保正免送。」晁蓋道：「卻罷，也送到莊門口。」

兩個同走出來，那夥士兵眾人都喫了酒食，喫得飽了，各自拿了鎗棒，便去門房裏解了那漢，背剪縛著，帶出門外。晁蓋見了，說道：「好條大漢！」雷橫道：「這廝便是靈官殿裏捉的賊。」說猶未了，只見那漢叫一聲：「阿舅！救我則個！」晁蓋假意看他一看，喝問道：「兀的這廝不是王小三麼？」那漢道：「我便是。阿舅救我！」眾

人喫了一驚。雷橫便問晁蓋道：「這人是誰？如何卻認得保正？」晁蓋道：「原來是我外甥王小三。這廝如何在廟裏歇？乃是家姐的孩兒，從小在這裏過活，四五歲時隨家姐夫和家姐上南京去住，一去了十數年。這廝十四五歲又來走了一遭，跟個本京客人來這裏販賣，向後再不曾見面。多聽得人說這廝不成器，如何卻在這裏！小可本也認他不得，為他鬢邊有這一搭硃砂記，因此影影記得。」

晁蓋喝道：「小三你如何不逕來見我，卻去村中做賊？」那漢叫道：「阿舅！我不曾做賊！」晁蓋喝道：「你既不做賊，如何拿你在這裏？」奪過士兵手裏棍棒，劈頭劈臉便打。雷橫並眾人勸道：「且不要打，聽他說。」那漢道：「阿舅息怒，且聽我說。自從十四五歲時來走了這遭，如今不是十年了？昨夜路上多喫了一杯酒，不敢來見阿舅；權去廟裏睡得醒了卻來尋阿舅。不想被他們不問事繇，將我拿了。卻不曾做賊！」晁蓋拿起棍來又要打，口裏罵道：「畜生！你卻不逕來見我，且在路上貪圖這口黃湯！我家中沒得與你喫？辱沒殺人！」雷橫勸道：「保正息怒！你令甥本不曾做賊。我們見他偌大一條大漢，在廟裏睡得蹺蹊；亦且面生，又不認得；因此設疑，捉了他

來這裏。若早知是保正的令甥，定不拿他。」喚士兵：
「快解了綁縛的索子，放還保正。」眾士兵登時解了那漢。
雷橫道：「保正休怪，早知是令甥，不致如此。甚是得罪！
小人們回去。」晁蓋道：「都頭且住！請入小莊，再有話
說。」

　　雷橫放了那漢，一齊再入草堂裏來。晁蓋取出十兩花
銀，送與雷橫，說道：「都頭，休嫌輕微，望賜笑留。」
雷橫道：「不當如此！」晁蓋道：「若是不肯收受時，便
是怪小人。」雷橫道：「既是保正厚意，權且收受。改日
得報答。」晁蓋叫那漢拜謝了雷橫。晁蓋又取些銀兩賞了
眾士兵，再送出莊門外。雷橫相別了，引著士兵自去。

　　晁蓋卻同那漢到後軒下，取幾件衣裳，與他換了；取
頂頭巾與他戴了，便問那漢姓甚名誰，何處人氏。那漢道：
「小人姓劉，名唐，祖貫東潞州人氏；因這鬢邊有這搭硃
砂記，人都喚小人做『赤髮鬼』。特地送一套富貴來與保
正哥哥。昨夜晚了，因醉倒廟裏，不想被這廝們捉住，綁
縛了來。今日幸得在此，哥哥坐定，受劉唐四拜。」拜罷，
晁蓋道：「你且說送一套富貴與我，見在何處？」劉唐道：

「小人自幼飄蕩江湖，多走途路，專好結識好漢，往往多聞哥哥大名，不期有緣得遇。曾見山東、河北做私商的多曾來投奔哥哥，因此，劉唐夜說這話。這裏別無外人，方可傾心吐膽對哥哥說。」晁蓋道：「這裏都是我心腹人，但說不妨。」

劉唐道：「小弟打聽得北京大名府梁中書收買十萬貫金珠寶貝玩器等物送上東京，與他丈人蔡太師慶生辰。去年也曾送十萬貫金珠寶貝，來到半路裏，不知被誰人打劫了，至今也無捉處。今年又收買十萬貫金珠寶貝，早晚安排起程，要趕這六月十五日生辰。小弟想此一套是不義之財，取之何礙？便可商議個道理，去半路上取了。天理知之，也不為罪，聞知哥哥大名，是個真男子，武藝過人。小弟不才，頗也學得本事，休道三五個漢子，便是一二千軍馬隊中，拿條鎗，也不懼他。倘蒙哥哥不棄時，情願相助一臂。不知哥哥心內如何？」晁蓋道：「壯哉！且再計較。你既來這裏，想你喫了些艱辛，且去客房裏將息少歇。待我從長商議，來日說話。」晁蓋叫莊客引劉唐廊下客房裏歇息。莊客引到房中，也自去幹事了。

且說劉唐在房裏尋思道：「我著甚來縣苦惱這遭？多虧晁蓋完成，解脫了這件事。只叵耐雷橫那廝平白地要陷我做賊，把我吊這一夜！想那廝去未遠，我不如拿了條棒趕上去，齊打翻了那廝們，卻奪回那銀子送還晁蓋，也出一口惡氣。此計大妙！」劉唐便出房門，去鎗架上拿了一條朴刀，便出莊門，大踏步投南趕來；此時天色已明，卻早見雷橫引著士兵，慢慢地行將去。劉唐趕上來大喝一聲：「兀那都頭不要走！」雷橫喫了一驚，回過頭來，見是劉唐撚著朴刀趕來。雷橫慌忙去士兵手裏奪條朴刀拿著，喝道：「你那廝趕將來做甚麼？」劉唐道：「你曉事的，留下那十兩銀子還了我，我便饒了你！」雷橫道：「是你阿舅送我的，干你甚事？我若不看你阿舅面上，直結果了你這廝性命！剎地問我取銀子！」劉唐道：「我須不是賊，你卻把我吊了一夜！又騙了我阿舅十兩銀子！是會的，將來還我，佛眼相看！你若不還我，叫你目前流血！」雷橫大怒，指著劉唐大罵道：「辱門敗戶的謊賊！怎敢無禮！」劉唐道：「你那詐害百姓的腌臢潑才！怎敢罵我！」雷橫又罵道：「賊頭賊臉賊骨頭！必然要連累晁蓋！你這等賊心賊肝，我行須使不得！」劉唐大怒道：「我來和你見個輸贏！」撚著朴刀，直奔雷橫。雷橫見劉唐趕上來，呵呵

大笑，挺手中朴刀來迎。兩個就大路上廝併了五十餘合，不分勝敗。

　　眾士兵見雷橫贏劉唐不得，卻待都要一齊上併他，只見側首籬門開處，一個人掣兩條銅鍊，叫道：「你兩個好漢且不要鬥！我看了多時，權且歇一歇，我有話說。」便把銅鍊就中一隔。兩個都收住了朴刀，跳出圈子外來，立了腳，看那人時，似秀才打扮：戴一頂桶子樣抹眉梁頭巾，穿一領皂沿邊麻布寬衫，腰繫一條茶褐鑾帶，下面絲鞋淨襪，生得眉目清秀，面白鬚長。這人乃是「智多星」吳用，表字學究，道號加亮先生，祖貫本鄉人氏。

　　當時吳用手提銅鍊，指著劉唐，叫道：「那漢且住！你因甚和都頭爭執？」劉唐光著眼看吳用道：「不干你秀才事！」雷橫便道：「教授不知，這廝夜來赤條條地睡在靈官殿裏，被我們拿了這廝，帶到晁保正莊上，原來卻是保正的外甥。看他母舅面上，放了他。晁保正請我們喫了酒，送些禮物與我，這廝瞞了他阿舅，直趕到這裏問我取，你道這廝大膽麼？」

　　吳用尋思道：「晁蓋我都是自幼結交，但有些事，便和我商議計較。他的親眷相識，我都知道，不曾見有這個外甥。亦且年甲也不相登，必有些蹊蹺。我且勸開了這場鬧，卻再問他。」

　　吳用便道：「大漢休執迷。你的母舅與我至交，又和這都頭亦過得好。他便送些人情與這都頭，你卻來討了，也須壞了你母舅面皮。且看小生面，我自與你母舅說。」劉唐道：「秀才，你不省得！這個不是我阿舅甘心與他，他詐取了我阿舅的銀兩！若不還我，誓不回去！」雷橫道：「只除是保正自來取，便還他！卻不還你！」劉唐道：「你冤屈人做賊，詐了銀子，怎麼不還？」雷橫道：「不是你的銀子！不還！不還！」劉唐道：「你不還，只除問得我手裏朴刀肯便罷！」吳用又勸：「你兩個鬥了半日，又沒輸贏，只管鬥到幾時是了？」劉唐道：「他不還我銀子，直和他拼個你死我活便罷！」雷橫大怒道：「我若怕你，添個士兵來併你，也不算好漢！我自好歹搠翻你便罷！」劉唐大怒，拍著胸前叫道：「不怕！不怕！」便趕上來。這邊雷橫便指手畫腳也趕攏來。兩個又要撕併。這吳用橫身在裏面勸，那裏勸得住？劉唐撚著朴刀，只待鑽

將過來。雷橫口裏千賊萬賊價罵，挺朴刀正待要鬥。只見眾士兵指道：「保正來了！」

劉唐回身看時，只見晁蓋被著衣裳，前襟攤開，從大路上趕來，大喝道：「畜生不得無禮！」那吳用大笑道：「須是保正自來，方纔勸得這場鬧。」晁蓋趕得氣喘，問道：「怎的趕來這裏鬥朴刀？」雷橫道：「你的令甥拿著朴刀趕來問我取銀子。小人道：『不還你，我自送還保正，非干你事。』他和小人鬥了五十合。教授解勸在此。」晁蓋道：「這畜生！小人並不知道。都頭看小人之面，請回，自當改日登門陪話。」雷橫道：「小人也知那廝胡為，不與他一般見識。又勞保正遠出。」作別自去，不在話下。

且說吳用對晁蓋說道：「不是保正自來，幾乎做出一場大事。這個令甥端的非凡！是好武藝！小生在籬笆裏看了，這個有名慣使朴刀的雷都頭也敵不過，只辦得架隔遮攔。若再鬥幾合，雷橫必然有失性命。因此，小生慌忙出來間隔了。這個令甥從何而來？往常時，莊上不曾見有。」晁蓋道：「卻待正要來請先生到敝莊商議句話。正欲使人來，只是不見了他，鎗架上朴刀又沒了。只見牧童報說，

231

『一個大漢挈條朴刀望南一直趕去。』我慌忙隨後追得來，早是得教授諫勸住了。請尊步同到敝莊，有幾句話計較計較。」

那吳用還至書齋，掛了銅鍊在書房裏，分付主人家道：「學生來時，說道先生今日有幹，權放一日假。」拽上書齋門，將鎖鎖了，同晁蓋、劉唐到晁家莊上。晁蓋逕邀進後堂深處，分賓而坐。吳用問道：「保正，此人是誰？」晁蓋道：「此人江湖上好漢，姓劉，名唐，是東潞州人氏。因有一套富貴，特來投奔我，夜來他醉臥在靈官廟裏，卻被雷橫捉了，挈到我莊上。我因認他做外甥，方得脫身。他說：「有北京大名府梁中書，收買十萬貫金珠寶貝，送上東京與他丈人蔡太師慶生辰，早晚從這裏經過，此等不義之財，取之何礙？」他來的意正應我一夢。我昨夜夢見北斗七星直墜在我屋脊上，斗柄上另有一顆小星，化道白光去了。我想星照本家，安得不利？今早正要求請教授商議，此一件事若何？」

吳用笑道：「小生見劉兄趕得來蹺蹊，也猜個七八分了。此一事卻好。只是一件：人多不得，人少又做不得；

宅上空有許多莊客，一個也用不得。如今只有保正、劉兄、小生三人，這件事如何團弄？便是保正與劉兄十分了得，也擔負不下。這段事，須得七八個好漢方可，多也無用。」晁蓋道：「莫非要應夢中星數？」吳用便道：「兄長這一夢也非同小可。莫非北地上再有扶助的人來？」尋思了半晌，眉頭一縱，計上心來，說道：「有了！有了！」晁蓋道：「先生既有心腹好漢，可以便去請來，成就這件事。」

吳用不慌不忙，疊兩個指頭，說出幾句話來，有分教：東溪莊上，聚義漢翻作強人；石碣村中，打魚船權為戰艦。正是：指揮說地談天口，來做翻江攪海人。畢竟智多星吳用說出甚麼人來，且聽下回分解。

第十四回　吳學究說三阮撞籌　公孫勝應七星聚義

　　話說當時吳學究道：「我尋思起來，有三個人義膽包身，武藝出眾，敢赴湯蹈火，同死同生。只除非得這三個人，方纔完得這件事。」晁蓋道：「這三個卻是甚麼樣人？姓甚名誰？何處居住？」吳用道：「這三人是弟兄三個，在濟州梁山泊邊石碣村住，日常只打魚為生，亦曾在泊子裏做私商勾當。本身姓阮。弟兄三人：一個喚做『立地太歲』阮小二，一個喚做『短命二郎』阮小五，一個喚做『活閻羅』阮小七。這三個是親兄弟。小生舊日在那裏住了數年，與他相交時，他雖是個不通文墨的人，為見他與人結交，真有義氣，是個好男子，因此和他來往。今已好兩年不曾相見。若得此三人，大事必成。」晁蓋道：「我也曾聞這阮家三弟兄的名字，只不曾相會。石碣村離這裏只有百十里以下路程，何不使人請他們來商議？」吳用道：「著人去請，他們如何肯來？小生必須自去那裏，憑三寸不爛之舌，說他們入夥。」晁蓋大喜道：「先生高見！幾時可行？」吳用答道：「事不宜遲，只今夜三更便去，明日晌午可到那裏。」晁蓋道：「最好。」當時叫莊客且安

排酒食來喫。吳用道：「北京到東京也曾行過，只不知『生辰綱』從那條路來；再煩劉兄休辭辛苦，連夜去北京路上探聽起程的日期，端的從那條路上來。」劉唐道：「小弟只今夜也便去。」吳用道：「且住。他生辰六月十五日，如今卻是五月初頭，尚有四五十日。等小生先去說了三阮弟兄回來，那時卻教劉兄去。」晁蓋道：「也是。劉兄弟只在我莊上等候。」

話休絮煩。當日喫了半晌酒食。至三更時分，吳用起來洗漱罷，喫了些早飯，討了些銀兩藏在身邊，穿上草鞋。晁蓋、劉唐送出莊門。吳用連夜投石碣村來。行到晌午時分，早來到那村中。吳學究自來認得，不用問人，來到石碣村中，逕投阮小二家來。來得門前看時，只見枯椿上纜著數隻小漁船，疏籬外晒著一張破魚網，倚山傍水，約有十數間草房。吳用叫一聲道：「二哥在家麼？」只見阮小二走將出來，頭戴一頂破頭巾，身穿一領舊衣服，赤著雙腳，出來見了是吳用，慌忙聲喏道：「教授何來？甚風吹得到此？」吳用答道：「有些小事，特來相浼二郎。」阮小二道：「有何事？但說不妨。」吳用道：「小生自離了些間，又早二年。如今在一個大財主家做門館。他要辦筵

席，用著十數尾重十四五斤的金色鯉魚，因此特地來相投足下。」阮小二笑了一聲，說道：「小人且和教授喫三杯卻說。」吳用道：「小生的來意，也正欲要和二郎喫三杯。」阮小二道：「隔湖有幾處酒店，我們就在船裏蕩將過去。」吳用道：「最好；也要就與五郎說句話，不知在家也不在？」阮小二道：「我們一同去尋他便了。」

兩個來到泊岸邊，枯椿上纜的小船解了一隻，便扶著吳用下船去了。樹根頭拿了一把划揪，只顧蕩，早蕩將開去，望湖泊裏來。正蕩之間，只見阮小二把手一招，叫道：「七哥，曾見五郎麼？」吳用看時，只見蘆葦中搖出一隻船來。那阮小七頭戴一頂遮日黑箬笠，身上穿個棋子布背心，腰繫著一條生布裙，把那隻船蕩著，問道：「二哥，你尋五哥做甚麼？」吳用叫一聲：「七郎，小生特來相央你們說話。」阮小七道：「教授恕罪。好幾時不曾相見！」吳用道：「一同和二哥去喫杯酒。」阮小七道：「小人也欲和教授喫杯酒，只是一向不曾見面。」

兩隻船厮跟著在湖泊裏。不多時，划到個去處，團團都是水，高埠上七八間草房。阮小二叫道：「老娘，五哥

在麼？」那婆婆道：「說不得！魚又不得打，連日去賭錢，輸得沒了分文，卻纔討了我頭上釵兒出鎮上賭去了！」阮小二笑了一聲，便把船划開。阮小七便在背後船上說道：「哥哥正不知怎地，賭錢只是輸，卻不晦氣？莫說哥哥不贏，我也輸得赤條條地！」吳用暗想道：「中了我的計了。」

兩隻船廝並著投石碣村鎮上來。划了半個時辰，只見獨木橋邊，一個漢子，把著兩串銅錢，下來解船。阮小二道：「五郎來了！」吳用看時，但見阮小五斜戴著一頂破頭巾，鬢邊插朵石榴花，披著一領舊布衫，露出胸前刺著的青鬱鬱一個豹子來，裏面匾扎起褲子，上面鬥著一條間道棋子布手巾。吳用叫一聲道：「五郎，得采麼？」阮小五道：「原來卻是教授！好兩年不曾見面。我在橋上望你們半日了。」阮小二道：「我和教授直到你家尋你，老娘說道，出鎮上賭錢去了，因此同來這裏尋你。且來和教授去水閣上喫三杯。」阮小五慌忙去橋邊解了小船，跳在艙裏，捉了划楫，只一划，三隻船廝並著。

划了一歇，三隻船樣到水亭下荷花蕩中。三隻船都纜

了。扶吳學究上了岸，入酒店裏來，都到水閣內揀一副紅油桌凳。阮小二便道：「先生，休怪我三個弟兄粗俗，請教授上坐。」吳用道：「卻使不得。」阮小七道：「哥哥只顧坐主位，請教授坐客席，我兄弟兩個便先坐了。」吳用道：「七郎只是性快！」四個人坐定了，叫酒保打一桶酒來。店小二把四隻大盞子擺開，鋪下四雙筷，放了四盤菜蔬，打一桶酒，放在桌子上。阮小七道：「有甚麼下口？」小二哥道：「新宰得一頭黃牛，花糕也似好肥肉！」阮小二道：「大塊切十斤來。」阮小五道：「教授休笑話，沒甚孝順。」吳用道：「倒也相擾，多激惱你們。」阮小二道：「休恁地說。」催促小二哥只顧篩酒，早把牛肉切做兩盤，將來放在桌上。阮家三兄弟讓吳用喫，吳用喫了幾塊，便喫不得了。那三個狼餐虎食，喫了一回。

阮小五動問道：「教授到些貴幹？」阮小二道：「教授如今在一個大財主家做門館教學。今來要對付十數尾金色鯉魚。要重十四五斤的，特來尋我們。」阮小七道：「若是每常，要三五十尾也有，莫說十數個，再要多些，我兄弟們也包辦得；如今，便要重十斤的也難得！」阮小五道：「教授遠來，我們也對付十來個重五六斤的相送。」

吳用道：「小生多有銀兩在此，隨算價錢。只是不用小的，須得十四五斤重的便好。」阮小七道：「教授，卻沒討處。便是五哥許五六斤的也不能彀；須要等得幾日纜得。我的船裏有一桶小活魚，就把來喫些。」阮小七便去船內取將一桶小魚上來，約有五七斤，自去灶上安排；盛做三盤，放在桌上。阮小七道：「教授，胡亂喫些個。」

四個又喫了一回，看看天色漸晚。吳用尋思道：「這酒店裏須難說話。今夜必是他家權宿，到那裏卻又理會。」阮小二道：「今夜天色晚了，請教授權在我家宿一宵，明日卻再計較。」吳用道：「小生來這裏走一遭，千難萬難；幸得你們弟兄今日做一處。眼見得這席酒不肯要小生還錢。今晚，借二郎家歇一夜，小生有些須銀子在此，相煩就此店中沽一甕酒，買些肉，村中尋一對雞，夜間同一醉，如何？」阮小二道：「那裏要教授壞錢！我們弟兄自去整理，不煩惱沒對付處。」吳用道：「逕來要請你們三位。若還不依小生時，只此告退。」阮小七道：「既是教授這般說時，且順情喫了，卻再理會。」吳用道：「還是七郎性直爽快。」吳用取出一兩銀子付與阮小七，就問主人家沽了一甕酒，借個大甕盛了；買了二十斤生熟牛肉，一對大雞。

阮小二道：「我的酒錢一發還你。」店主人道：「最好，最好。」

　　四人離了酒店，再下了船，把酒肉都放在船艙裏，解了纜索，逕划將開去，一直投阮小二家來。到得門前上了岸，把船仍舊纜在樁上，取了酒肉，四人一齊都到後面坐地，便叫點起燈來。原來阮家兄弟三個，只有阮小二有老小；阮小五、阮小七都不曾婚娶。四個在阮小二家後面水亭上坐定。阮小七宰了雞，叫阿嫂同討的小猴子在廚下安排。約有一更相次，酒胾都搬來擺在桌上。

　　吳用勸他兄弟們喫了幾杯，又提起買魚事來，說道：「你這裏偌大一個去處，卻怎地沒了這等大魚？」阮小二道：「實不瞞教授說：這般大魚只除梁山泊裏便有。我這石碣湖中狹小，存不得這等大魚。」吳用道：「這裏和梁山泊一望不遠，相通一脈之水，如何不去打些？」阮小二嘆了一口氣道：「休說！」吳用又問道：「二哥如何嘆氣？」阮小五接了說道：「教授不知：在先這梁山泊是我弟兄們的衣飯碗，如今絕不敢去！」吳用道：「偌大去處，終不成官司禁打魚鮮？」阮小五道：「甚麼官司敢來禁打

魚鮮！便是活閻王也禁治不得！」吳用道：「既沒官司禁治，如何絕不敢去？」阮小五道：「原來教授不知來歷，且和教授說知。」吳用道：「小生卻不理會得。」阮小七接著便道：「這個梁山泊去處，難說難言！如今泊子裏新有一夥強人占了，不容打魚。」吳用道：「小生卻不知。原來如今有強人？我那裏並不曾聞得說。」阮小二道：「那夥強人：為頭的是個落第舉子，喚做白衣秀士王倫；第二個叫做摸著天杜遷；第三個叫做雲裏金剛宋萬。以下有個旱地忽律朱貴，現在李家道口開酒店，專一探聽事情，也不打緊；如今新來一個好漢，是東京禁軍教頭，甚麼豹子頭林冲，十分好武藝。這幾個賊男女聚隻了五七百人打家劫舍，搶擄來往客人。我們有一年多不去那裏打魚。如今泊子裏把住了，絕了我們的衣飯，因此一言難盡！」吳用道：「小生實是不知有這段事。如何官司不來捉他們？」阮小五道：「如今那官司一處處動撣便害百姓；但一聲下鄉村來，倒先把如百姓家養的豬羊雞鵝盡都喫了，又要盤纏打發他；如今也好教這夥人奈何！那捕盜官司的人那裏敢下鄉村來！若是那上司官員差他們緝捕人來，都嚇得屎尿齊流，怎敢正眼兒看他！」阮小二道：「我雖然不打得大魚，也省了若干科差。」吳用道：「恁地時，那廝們倒

快活？」阮小五道：「他們不怕天，不怕地，不怕官司；論秤分金銀，異樣穿紬錦；成甕喫酒，大塊喫肉：如何不快活？我們弟兄三個空有一身本事，怎地學得他們！」吳用聽了，暗暗地歡喜道：「正好用計了。」

阮小七說道：「『人生一世，草生一秋！』我們只管打魚營生，學得他們過一日也好！」吳用道：「這等人學他做甚麼！他做的勾當，不是笞杖五七十的罪犯，空自把一身虎威都撇下；倘或被官司拿住了，也是自做的罪。」阮小二道：「如今該管官司沒甚分曉，一片糊塗！千萬犯了迷天大罪的倒都沒事！我兄弟們不能快活，若是但有肯帶挈我們的，也去了罷！」阮小五道：「我也常常這般思量：我弟兄三個的本事又不是不如別人。誰是識我們的！」吳用道：「假如便有識你們的，你們便如何肯去。」阮小七道：「若是有識我們的，水裏，水裏去；火裏，火裏去！若能彀受用得一日，便死了開眉展眼！」吳用暗暗喜道：「這三個都有意了。我且慢慢地誘他。」又勸他三個喫了兩巡酒。

吳用又說道：「你們三個敢上梁山泊捉這夥賊麼？」

阮小七道：「便捉得他們，那裏去請賞？也喫江湖上好漢們笑話。」吳用道：「小生短見：假如你們怨恨打魚不得，也去那裏撞籌，卻不是好？」阮小二道：「老先生，你不知我弟兄們幾遍商量要去入夥。聽得那白衣秀士王倫的手下人都說道他心地窄狹，安不得人，前番那個東京林冲上山，嘔盡他的氣。王倫那廝不肯胡亂著人，因此，我弟兄們看了這般樣，一齊都心懶了。」阮小七道：「他們若似老兄這等慷慨，愛我弟兄們便好。」阮小五道：「那王倫若得似教授這般情分時，我們也去了多時，不到今日。我弟兄三個便替他死也甘心！」吳用道：「量小生何足道哉，如今山東、河北多少英雄豪傑的好漢！」阮小二道：「好漢們儘有，我弟兄自不曾遇著！」吳用道：「只此聞鄆城縣東溪村晁保正，你們曾認得他麼？」阮小五道：「莫不是叫做托塔天王的晁蓋麼？」吳用道：「正是此人。」阮小七道：「雖然與我們只隔得百十里路程，緣分淺薄，聞名不曾相會。」吳用道：「這等一個人仗義疏財的好男子，如何不與他相見？」阮小二道：「我弟兄們無事，也不曾到那裏，因此不能彀與他相見。」吳用道：「小生這幾年也只在晁保正莊上左近教些村學。如今打聽得他有一套富貴待取，特地來和你們商議，我等就那半路裏攔住取了，

如何？」阮小五道：「這個卻使不得：既是仗義疏財的好男子，我們卻去壞他的道路，須喫江湖上好漢們知時笑話。」吳用道：「我只道你們弟兄心志不堅，原來真個惜客好義！我對你們實說，果有協助之心，我教你們知此一事。我如今見在晁保正莊上住。保正聞知你三個大名，特地教我來請你們說話。」阮小二道：「我弟兄三個真真實實地沒半點假！晁保正敢有件奢遮的私商買賣，有心要帶挈我們？一定是煩老兄來。若還端的有這事，我三個若捨不得性命幫助他時，殘酒為誓，教我們都遭橫事，惡病臨身，死於非命！」阮小五和阮小七把手拍著脖項道：「這腔熱血只要賣與識貨的！」吳用道：「你們三位弟兄在這裏，不是我壞心術來誘你們。這件事非同小可的勾當！目今朝內蔡太師是六月十五日生辰。他的女婿是北京大名府梁中書，即日起解十萬貫金珠寶貝與他丈人慶生辰。今有一個好漢，姓劉，名唐，特來報知。如今欲要請你們去商議，聚幾個好漢向山凹僻靜去處取此一套不義之財，大家圖個一世快活；因此，特教小生，只做買魚，來請你們三個計較，成此一事。不知你們心意如何？」阮小五聽了道：「罷，罷！」叫道：「七哥，我和你說甚麼來？」阮小七跳起來道：「一世的指望，今日還了願心！正是搔著我癢

處！我們幾時去？」吳用道：「請三位即便去來。明日起個五更，一齊都到晁天王莊上去。」阮家三弟兄大喜。

當夜過了一宿。次早起來，喫了早飯，阮家三弟兄分付了家中，跟著吳學究，四個人離了石碣村，拽開腳步，取路投東溪村來。行了一日，早望見晁家莊。只見遠遠地綠槐樹下，晁蓋和劉唐在那裏等，望見吳用引著阮家三弟兄直到槐樹前，兩下都廝見了。晁蓋大喜道：「阮氏三雄，名不虛傳！且請到莊裏說話。」六人俱從莊外入來，到得後堂分賓主坐定。吳用把前話說了。晁蓋大喜，便叫莊客宰殺豬羊，安排燒紙。阮氏三弟兄見晁蓋人物軒昂，語言灑落，三個說道：「我們最愛結識好漢，原來只在此間。今日不得吳教授相引，如何得會！」三個弟兄好生歡喜。當晚且喫了些飯，說了半夜話。次日天曉，去後堂前面列了金錢紙馬，香花燈燭，擺了夜來煮的豬羊，燒紙。眾人見晁蓋如此志誠，盡皆歡喜，個個說誓道：「梁中書在北京害民，詐得錢物，卻把去東京與蔡太師慶生辰。此一等正是不義之財。我等六人中，但有私意者，天誅地滅。神明鑒察。」六人都說誓了，燒化紙錢。

六籌好漢正在堂後散福飲酒，只見一個莊客報說：「門前有個先生要見保正化齋糧。」晁蓋道：「你好不曉事；見我管待客人在此喫酒，你便與他三五升米便了，何須直來問我們？」莊客道：「小人把米與他，他又不要，只要面見保正。」晁蓋道：「一定是嫌少，你便再與他三二斗去。你說與他：『保正今日在莊上請人喫酒，沒工夫相見。』」莊客去了多時，只見又來說道：「那先生，與了他三斗米，又不肯去，自稱是一清道人，不為錢米而來，只要求見保正一面。」晁蓋道：「你這廝不會答應！便說今日委實沒工夫，教他改日卻來相見拜茶。」莊客道：「小人也是這般說。那個先生說道：『我不為錢米齋糧，聞知保正是個義士，特求一見。』」晁蓋道：「你也這般纏！全不替我分憂！他若再嫌少時，可與他三四斗去，何必又來說？我若不和客人們飲時，便去廝見一面，打甚麼緊。你去發付他罷，再休要來說！」

莊客去了沒半個時辰，只聽得莊門外熱鬧。又見一個莊客飛也似來報道：「那先生發怒，把十來個莊客都打倒了！」晁蓋聽得，嚇了一驚，慌忙起身道：「眾位弟兄少坐。晁蓋自去看一看。」便從後堂出來。到莊門前看時，

只見那個先生身長八尺，道貌堂堂，生得古怪，正在莊門外綠槐樹下，一頭打，一頭口裏說道：「不識好人！」晁蓋見了，叫道：「先生息怒。你來尋晁保正，無非是投齋化緣。他已與了你米，何故嗔怪如此？」那先生哈哈大笑道：「貧道不為酒食錢米而來，我覷得十萬貫如同等閒！特地來尋保正，有句話說。叵耐村夫無理，毀罵貧道，因此性發。」晁蓋道：「你可曾認得晁保正麼？」那先生道：「只聞其名，不曾見面。」晁蓋道：「小子便是。先生有甚話說？」那先生看了道：「保正休怪，貧道稽首。」晁蓋道：「先生少禮！請到莊裏拜茶，如何？」那先生道：「多感。」先進入莊裏來。吳用見那先生入來，自和劉唐、三阮，一處躲過。

且說晁蓋請那先生到後堂喫茶已罷。那先生道：「這裏不是說話處，別有甚麼去處可坐？」晁蓋見說，便邀那先生又到一處小小閣兒內，分賓坐定。晁蓋道：「不敢拜問先生高姓？貴鄉何處？」那先生答道：「貧道覆姓公孫，單諱一個勝字，道號一清先生。貧道是薊州人氏，自幼鄉中好習鎗棒，學成武藝多般，人但呼為公孫勝大郎。為因學得一家道術，善能呼風喚雨，駕霧騰雲，江湖上都稱貧

道做『入雲龍』。貧道久聞鄆城縣東溪村晁保正大名，無緣不曾拜識。今有十萬貫金珠寶貝，專送與保正作進見之禮。未知義士肯納受否？」晁蓋大笑道：「先生所言，莫非北地生辰綱麼？」那先生大驚道：「保正何以知之？」晁蓋道：「小子胡猜，未知合先生意否？」公孫勝道：「此一套富貴，不可錯過！古人云：『當取不取，過後莫悔。』保正心下如何？」

正說之間，只見一個人從閣子外搶將入來，劈胸揪住公孫勝，說道：「好呀！明有王法，暗有神靈，你如何商量這等的勾當！我聽得多時也！」嚇得這公孫勝面如土色。正是：機謀未就，爭奈窗外人聽；計策纔施，又早蕭牆禍起。畢竟搶來揪住公孫勝的卻是何人，且聽下回分解。

第十五回　楊志押送金銀擔　吳用智取生辰綱

　　話說當時公孫勝正在閣兒裏對晁蓋說這北京生辰綱是不義之財，取之何礙，只見一個人從外面搶將入來，揪住公孫勝道：「你好大膽！卻纔商議的事，我都知了也！」那人卻是智多星吳學究。晁蓋笑道：「教授休取笑，且請相見。」兩個敘禮罷，吳用道：「江湖上久聞人說入雲龍公孫勝一清大名，不期今日此處得會。」晁蓋道：「這位秀士先生便是智多星吳學究。」公孫勝道：「吾聞江湖上人多曾說加亮先生大名。豈知緣法卻在保正莊上得會。只是保正疏財仗義，以此天下豪傑都投門下。」晁蓋道：「再有幾個相識在裏面，一發請進後堂深處相見。」三個人入到裏面，就與劉唐、三阮，都相見了。

　　眾人道：「今日此一會應非偶然，須請保正哥哥正面而坐。」晁蓋道：「量小子是個窮主人，怎敢占上！」吳用道：「保正哥哥年長。依著小生，且請坐了。」晁蓋只得坐了第一位。吳用坐了第二位，公孫勝坐了第三位，劉唐坐了第四位，阮小二坐了第五位，阮小五坐了第六位，

阮小七坐了第七位。卻纔聚義飲酒，重整盃盤，再備酒肴，眾人飲酌。

　　吳用道：「保正夢見北斗七星墜在屋脊上，今日我等七人聚義舉事，豈不應天垂象？此一套富貴，唾手而取。前日所說央劉兄去探聽路程從那裏來，今日天晚，來早便請登程。」公孫勝道：「這一事不須去了。貧道已打聽知他來的路數了，——只是黃泥岡大路上來。」晁蓋道：「黃泥岡東十里路，地名安樂村，有一個閒漢叫做『白日鼠』白勝，也曾來投奔我，我曾齎助他盤纏。」吳用道：「北斗上白光莫不是應在這人？自有用他處。」劉唐道：「此處黃泥岡較遠，何處可以容身？」吳用道：「只這個白勝家，便是我們安身處。亦還要用了白勝。」晁蓋道：「吳先生，我等還是軟取？卻是硬取？」吳用笑道：「我已安排定了圈套，只看他來的光景；力則力取，智則智取。我有一條計策，不知中你們意否？……如此如此。」晁蓋聽了大喜，顛著腳，道：「好妙計！不枉了稱你做智多星，果然賽過諸葛亮。好計策！」吳用道：「休得再提。常言道：『隔牆須有耳，窗外豈無人？』只可你知我知。」晁蓋便道：「阮家三兄且請回歸，至期來小莊聚會。吳先生

依舊自去教學。公孫先生並劉唐只在敝莊權住。」當日飲酒至晚，各自去客房裏歇息。

次日五更起來，安排早飯喫了。晁蓋取出三十兩花銀送與阮家三兄弟，道：「權表薄意，切勿推卻。」三阮那裏肯受？吳用道：「朋友之意，不可相阻。」三阮方纔受了銀兩。一齊送出莊外來。吳用附耳低言道：「——這般這般，至期不可有誤。」三阮相別了，自回石碣村去。晁蓋留住公孫勝、劉唐在莊上。吳學究常來議事。

※※※

話休絮煩。卻說北京大名府梁中書，收買了十萬貫慶賀生辰禮物完備，選日差人起程。當下一日在後堂坐下，只見蔡夫人問道：「相公，生辰綱幾時起程？」梁中書道：「禮物都已完備，明後日便可起身，只是一件事在躊躇未決。」蔡夫人道：「有甚事躊躇未決？」梁中書道：「上年費了十萬貫收買金珠寶貝送上東京去，只因用人不著，半路被賊人劫將去了，至今無獲；今年帳前眼見得又沒個了事的人送去，在此躊躇未決。」蔡夫人指著階下道：

「你常說這個人十分了得，何不著他委紙領狀送去走一遭？不致失誤。」梁中書看階下那人時，卻是青面獸楊志。梁中書大喜，隨即喚楊志上廳，說道：「我正忘了你。你若與我送生辰綱去，我自有抬舉你處。」楊志叉手向前稟道：「恩相差遣，不敢不依。只不知怎地打點？幾時起身？」梁中書道：「著落大名府差十輛太平車子；帳前撥十個廂禁軍，監押著車；每輛上各插一把黃旗，上寫著『獻賀太師生辰綱』；每輛車子，再使個軍健跟著。三日內便要起身去。」楊志道：「非是小人推托。其實去不得。乞鈞旨別差英雄精細的人去。」梁中書道：「我有心要抬舉你，這獻生辰綱的札子內另修一封書在中間，太師跟前重重保你，受道敕令回來。如何倒生支詞，推辭不去？」楊志道：「恩相在上，小人也曾聽得上年已被賊人劫去了，至今未獲。今歲途中盜賊又多；此去東京又無水路，都是旱路。經過的是：紫金山、二龍山、桃花山、傘蓋山、黃泥岡、白沙塢、野雲渡、赤松林，這幾處都是強人出沒的去處。便兼單身客人，亦不敢獨自經過。他知道是金銀寶物，如何不來搶劫！枉結果了性命！以此去不得。」梁中書道：「恁地時多著軍校防護送去便了。」楊志道：「恩相便差一萬人去也不濟事；這廝們一聲聽得強人來時，都是先走

了的。」梁中書道：「你這般地說時，生辰綱不要送去了？」楊志又稟道：「若依小人一件事，便敢送去。」梁中書道：「我既委在你身上，如何不依？你說。」楊志道：「若依小人說時，並不要車子，把禮物都裝做十餘條擔子，只做客人的打扮行貨，也點十個壯健的廂禁軍，卻裝做腳夫挑著；只消一個人和小人去，卻打扮做客人，悄悄連夜上東京交付，憑地時方好。」梁中書道：「你甚說得是。我寫書呈，重重保你，受道誥命回來。」楊志道：「深謝恩相抬舉。」

當日便叫楊志一面打拴擔腳，一面選揀軍人。次日，叫楊志來廳前伺候，梁中書出廳來問道：「楊志，你幾時起身？」楊志稟道：「告覆恩相，只在明早準行，就委領狀。」梁中書道：「夫人也有一擔禮物，另送與府中寶眷，也要你領。怕你不知頭路，特地再教嬭公謝都管並兩個虞候和你一同去。」楊志告道：「恩相，楊志去不得了。」梁中書道：「禮物都已拴縛完備，如何又去不得？」楊志稟道：「此十擔禮物都在小人身上，和他眾人都由楊志，要早行便早行，要晚行便晚行，要住便住，要歇便歇，亦依楊志提調。如今又叫老都管並虞候和小人去，他是夫人

行的人，又是太師府門下媚公，倘或路上與小人彆拗起來，楊志如何敢和他爭執得？若誤了大事時，楊志那其間如何分說？」梁中書道：「這個也容易，我叫他三個都聽你提調便了。」楊志答道：「若是如此禀過，小人情願便委領狀。倘有疏失，甘當重罪。」梁中書大喜道：「我也不枉了抬舉你！真有見識！」隨即喚老謝都管並兩個虞候出來，當廳分付，道：「楊志提轄情願委了一紙領狀監押生辰綱——十一擔金珠寶貝——赴京太師府交割。這干係都在他身上；你三人和他做伴去，一路上，早起，晚行，住、歇，都要聽他言語，不可和他彆拗。夫人處分付的勾當，你三人自理會。小心在意，早去早回，休教有失。」老都管一一都應了。當日楊志領了，次日早起五更，在府裏把擔仗都擺在廳前。老都管和兩個虞候又將一小擔財帛，共十一擔，揀了十一個壯健的廂禁軍，都做腳夫打份。楊志戴上涼笠兒，穿著青紗衫子，繫了纏帶行履麻鞋，跨口腰刀，提條朴刀。老都管也打扮做個客人模樣。兩個虞候假裝做跟的伴當。各人都拿了條朴刀，又帶幾根藤條。梁中書付與了札付書呈。一行人都喫得飽了，在廳上拜辭了梁中書。看那軍人擔仗起程。楊志和謝都管、兩個虞候監押著，一行共是十五人，離了梁府，出得北京城門，取大路投東京

進發。

　　此時正是五月半天氣，雖是晴明得好，只是酷熱難行。
楊志這一行人，要取六月十五日生辰，只得在路上趲行。
自離了這北京五七日，端的只是起五更，趁早涼便行；日
中熱時便歇。五七日後，人家漸少，行路又稀，一站站都
是山路。楊志卻要辰牌起身，申時便歇。那十一個廂禁軍，
擔子又重，無有一個稍輕，天氣熱了，行不得；見著林子
便要去歇息。楊志趕著催促要行，如若停住，輕則痛罵，
重則藤條便打，逼趕要行。兩個虞候雖只背些包裹行李，
也氣喘了行不上。楊志便嗔道：「你兩個好不曉事！這干
係須是俺的！你們不替洒家打這伕子，卻在背後也慢慢地
挨！這路上不是要處！」那虞候道：「不是我兩個要慢走，
其實熱了行不動，因此落後。前日只是趁早涼走，如今恁
地正熱裏要行？正是好歹不均勻！」楊志道：「你這般說
話，卻似放屁！前日行的須是好地面；如今正是尷尬去處，
若不日裏趕過去，誰敢五更半夜走？」兩個虞候口裏不言，
肚中尋思：「這廝不直得便罵人！」

　　楊志提了朴刀，拿著藤條，自去趕那擔子。兩個虞候

坐在柳陰樹下等得老都管來；兩個虞候告訴道：「楊家那
廝強殺只是我相公門下一個提轄！直這般會做大！」老都
管道：「須是相公當面分付道：『休要和他彆拗。』因此
我不做聲。這兩日也看他不得。權且耐他。」兩個虞候道：
「相公也只是人情話兒，都管自做個主便了。」老都管又
道：「且耐他一耐。」當日行到申牌時分，尋得一個客店
裏歇了。那十一個廂禁軍雨汗通流，都嘆氣吹噓，對老都
管說道：「我們不幸做了軍健！情知道被差出來。這般火
似熱的天氣，又挑著重擔；這兩日又不揀早涼行，動不動
老大藤條打來；都是一般父母皮肉，我們直恁地苦！」老
都管道：「你們不要怨悵，巴到東京時，我自賞你。」眾
軍漢道：「若是似都管看待我們時，並不敢怨悵。」又過
了一夜。次日，天色未明，眾人起來，都要乘涼起身去。
楊志跳起來喝道：「那裏去！且睡了！卻理會！」眾軍漢
道：「趁早不走，日裏熱時走不得，卻打我們！」楊志大
罵道：「你們省得甚麼！」挈了藤條要打。眾軍忍氣吞聲，
只得睡了。當日直到辰牌時分，慢慢地打火喫了飯走。一
路上趕打著，不許投涼處歇。那十一個廂禁軍口裏喃喃吶
吶地怨悵；兩個虞候在老都管面前絮絮聒聒地搬口；老都
管聽了，也不著意，心內自惱他。

　　話休絮煩。似此行了十四五日，那十四個人沒一個不怨悵楊志。當日客店裏辰牌時分慢慢地打火喫了早飯行，正是六月初四日時節，天氣未及晌午，一輪紅日當天，沒半點雲彩，其日十分大熱。當日行的路都是山僻崎嶇小徑，南山北嶺，卻監著那十一個軍漢。約行了二十餘里路程，那軍人們思量要去柳陰樹下歇涼，被楊志拿著藤條打將來，喝道：「快走！教你早歇！」眾軍人看那天時，四下裏無半點雲彩，其實那熱不可當。楊志催促一行人在山中僻路裏行。看看日色當午，那石頭上熱了腳疼，走不得。眾軍漢道：「這般天氣熱，兀的不晒殺人！」楊志喝著軍漢道：「快走！趕過前面岡子去，卻再理會。」

　　正行之間，前面迎著那土岡子。一行十五人奔土岡子來，歇下擔仗，那十一人都去松林樹下睡倒了。楊志說道：「苦也！這裏是甚麼去處，你們卻在這裏歇涼！起來，快走！」眾軍漢道：「你便剁做我七八段也是去不得了！」楊志拿起藤條，劈頭劈腦打去。打得這個起來，那個睡倒，楊志無可奈何。只見兩個虞候和老都管氣喘急急，也巴到岡子上松樹下坐下喘氣。看這楊志打那軍健，老都管見了，

說道：「提轄！端的熱了走不得！休見他罪過！」楊志道：「都管，你不知：這裏是強人出沒的去處，地名叫做黃泥岡。閒常太平時節，白日裏兀自出來劫人，休道是這般光景。誰敢在這裡停腳！」兩個虞候聽楊志說了，便道：「我見你說好幾遍了，只管把這話來驚嚇人！」老都管道：「權且教他們眾人歇一歇，略過日中行，如何？」楊志道：「你也沒分曉了！如何使得？這裏下岡子去，兀自有七八里沒人家。甚麼去處？敢在此歇涼！」老都管道：「我自坐一坐了走，你自去趕他眾人先走。」楊志拿著藤條，喝道：「一個不走的喫他二十棍！」眾軍漢一齊叫將起來。數內一個分說道：「提轄，我們挑著百十斤擔子，須不比你空手走的。你端的不把人當人！便是留守相公自來監押時，也容我們說一句。你好不知疼癢！」只顧逞辯。楊志罵道：「這畜生不嘔死俺！只是打便了！」拿起藤條，劈臉又打去。老都管喝道：「楊提轄，且住！你聽我說。我在東京太師府裏做嬤公時，門下軍官見了無千無萬，都向著我喏喏連聲。不是我口棧，量你是個遭死的軍人，相公可憐，抬舉你做個提轄，比得芥菜子大小的官職，直得地逞能！休說我是相公家都管，便是村莊一個老的，心合依我勸一勸！只顧把他們打，是何看待！」楊志道：「都管，

258

你須是城市裏人，生長在相府裏，那裏知道途路上千難萬難！」老都管道：「四川、兩廣，也曾去來，不曾見你這般賣弄！」楊志道：「如今須不比太平時節。」都管道：「你說這話該剜口割舌！今日天下怎地不太平？」

楊志卻待要回言，只見對面松林裏影著一個人在那裏舒頭探腦價望。楊志道：「俺說甚麼，兀的不是歹人來了！」撇下藤條，拿了朴刀，趕入松林裏來，喝一聲道：「你這廝好大膽！怎敢看俺的行貨！」趕來看時，只見松林裏一字兒擺著七輛江州車兒。六個人脫得赤條條的在那裏乘涼；一個鬢邊老大一搭硃砂記，拿著一條朴刀。見楊志趕入來，七個人齊叫一聲「阿也！」都跳起來。楊志喝道：「你等是甚麼人？」那七人道：「你是甚麼人？」楊志又問道：「你等莫不是歹人？」那七人問道：「你顛倒問！我等是小本經紀，那裏有錢與你！」楊志道：「你等小本經紀人，偏俺有大本錢？」那七人問道：「你端的是甚麼人？」楊志道：「你等且說那裏來的人？」那七人道：「我等弟兄七人是濠州人，販棗子上東京去；路途打從這裏經過，聽得多人說這裏黃泥岡上時常有賊打劫客商。我等一面走，一頭自道：『我七個只有些棗子，別無甚財

務。』只顧過岡子來。上得岡子，當不過這熱，權且在這林子裏歇一歇，待晚涼了行，只聽有人上岡子來。我們只怕是歹人，因此使這個兄弟出來看一看。」楊志道：「原來如此，也是一般的客人。卻纔見你們窺望，惟恐是歹人，因此趕來看一看。」那七個人道：「客官請幾個棗子了去。」楊志道：「不必。」提了朴刀，再回擔邊來。

老都管坐著，道：「既是有賊，我們去休！」楊志說道：「俺只道是歹人，原來是幾個販棗子的客人。」老都管別了臉對眾軍道：「似你方纔說時，他們都是沒命的！」楊志道：「不必相鬧，俺只要沒事便好。你們且歇了，等涼些走。」眾軍漢都笑了。楊志也把朴刀插在地上，自去一邊樹下坐了歇涼。

沒半碗飯時，只見遠遠地一個漢子，挑著一付擔桶，唱上岡子來；唱道：

赤日炎炎似火燒，野田禾稻半枯焦。

農夫心內如湯煮，公子王孫把扇搖！

　　那漢子口裏唱著，走上岡子來松林裏頭歇下擔桶，坐地乘涼。眾軍看見了，便問那漢子道：「你桶裏是什麼東西？」那漢子應道：「是白酒。」眾軍道：「挑往那裏去？」那漢子道：「挑出村裏賣。」眾軍道：「多少錢一桶？」那漢子道：「五貫足錢。」眾軍商量道：「我們又熱又渴，何不買些喫？也解暑氣。」正在那裏湊錢，楊志見了喝道：「你們又做甚麼？」眾軍道：「買碗酒喫。」楊志調過朴刀桿便打，罵道：「你們不得酒家言語，胡亂便要買酒喫，好大膽！」眾軍道：「沒事又來鳥亂！我們自湊錢買酒喫，干你甚事？也來打人！」楊志道：「你這村鳥理會得甚麼！到來只顧喫嘴！全不曉得路途上的勾當艱難！多少好漢被蒙汗藥麻翻了！」

　　那挑酒的漢子看著楊志冷笑道：「你這客官好不曉事！早是我不賣與你喫，卻說出這般沒氣力的話來！」

　　正在松樹邊鬧動爭說，只見對面松林裏那夥販棗子的客人，都提著朴刀走出來問道：「你們做甚麼鬧？」那挑酒的漢子道：「我自挑這酒過岡子村裏賣，熱了在此歇涼。

261

他眾人要問我買些喫，我又不曾賣與他，這個客官道我酒裏有甚麼蒙汗藥，你道好笑麼？說出這般話來！」那七個客人說道：「呸！我只道有歹人出來，原來是如此。說一聲也不打緊。我們正想酒來解渴，既是他疑心，且賣一桶與我們喫。」那挑酒的道：「不賣！不賣！」這七個客人道：「你這鳥漢子也不曉事！我們須不曾說你。你左右將到村裏去賣；一般還你錢，便賣些與我們，打甚麼要緊？看你不道得捨施了茶湯，便又救了我們熱渴。」那挑酒的漢子便道：「賣一桶與你不爭，只是被他們說的不好，又沒碗瓢舀喫。」那七人道：「你這漢子忒認真！便說了一聲，打甚麼要緊？我們自有椰瓢在這裏。」只見兩個客人去車子前取出兩個椰瓢來，一個捧出一大捧棗子來。七個人立在桶邊，開了桶蓋，輪替換著舀那酒喫，把棗子過口。無一時，一桶酒都喫盡了。七個客人道：「正不曾問你多少價錢？」那漢道：「我一了不說價，五貫足錢一桶，十貫一擔。」七個客人道：「五貫便依你五貫，只饒我們一瓢喫。」那漢道：「饒不得，做定的價錢！」一個客人把錢還他，一個客人便去揭開桶蓋兜了一瓢，拿上便喫。那漢去奪時，這客人手拿半瓢酒，望松林裏便走。那漢趕將去，只見這邊一個客人從松林裏走將出來，手裏拿一個瓢，

便來桶裏舀了一瓢。那漢看見，搶來劈手奪住，望桶裏一傾，便蓋了桶蓋，將瓢望地下一丟，口裏說道：「你這客人好不君子相！戴頭識臉的，也這般囉噪！」

那對過眾軍漢見了，心內癢起來，都待要喫。數中一個看著老都管道：「老爺爺，與我們說一聲！那賣棗子的客人買他一桶喫了，我們胡亂也買他這桶喫，潤一潤喉也好，其實熱渴了，沒奈何；這裏岡子上又沒討水喫處。老爺方便！」老都管見眾軍所說，自心裏也要喫得些，竟來對楊志說：「那販棗子客人已買了他一桶喫，只有這一桶，胡亂教他們買喫了避暑氣。岡子上端的沒處討水喫。」楊志尋思道：「俺在遠遠處望這廝們都買他的酒喫了；那桶裏當面也見喫了半瓢，想是好的。打了他們半日，胡亂容他買碗喫罷。」楊志道：「既然老都管說了，教這廝們買喫了，便起身。」眾軍健聽這話，湊了五貫足錢，來買酒喫。那賣酒的漢子道：「不賣了！不賣了！這酒裏有蒙汗藥在裏頭！」眾軍陪著笑說道：「大哥，直得便還言語？」那漢道：「不賣了！休纏！」這販棗子的客人勸道：「你這個鳥漢子！他也說得差了，你也忒認真，連累我們也喫你說了幾聲。須不關他眾人之事，胡亂賣與他眾人喫些。」

263

那漢道：「沒事討別人疑心做甚麼？」這販棗子客人把那賣酒的漢子推開一邊，只顧將這桶酒提與眾軍去喫。那軍漢開了桶蓋，無甚舀喫，陪個小心，問客人借這椰瓢用一用。眾客人道：「就送這幾個棗子與你們過酒。」眾軍謝道：「甚麼道理！」客人道：「休要相謝。都是一般客人。何爭在這百十個棗子上？」眾軍謝了。先兜兩瓢，叫老都管喫一瓢，楊提轄喫一瓢。楊志那裏肯喫。老都管自先喫了一瓢。兩個虞候各喫一瓢。眾軍漢一發上。那桶酒登時喫盡了。楊志見眾人喫了無事，自本不喫，一者天氣甚麼熱，二乃口渴難煞，拿起來，只喫了一半；棗子分幾個喫了。那賣酒的漢子說道：「這桶酒被那客人饒了一瓢喫了，少了你些酒，我今饒了你眾人半貫錢罷。」眾軍漢湊出錢來還他。那漢子收了錢，挑了空桶，依然唱著山歌，自下岡子去了。

那七個販棗子的客人立在松樹旁邊，指著這一十五人，說道：「倒也！倒也！」只見這十五個人，頭重腳輕，一個個面面廝覷，都軟倒了。那七個客人從松樹林裏推出這七輛江州車兒，把車子上棗子都丟在地上，將這十一擔金珠寶貝都裝在車子內，遮蓋好了，叫聲「聒噪！」一直望

黃泥岡下推去了。楊志口裏只是叫苦,軟了身體,掙扎不起。十五個人眼睜睜地看著那七個人把這金寶裝了去,只是起不來,掙不動,說不得。

※※※

我且問你:這七人端的是誰?不是別人,原來正是晁蓋、吳用、公孫勝、劉唐、三阮這七個。卻纔那個挑酒的漢子便是白日鼠白勝。卻怎地用藥?原來挑上岡子時,兩桶都是好酒,七個人先喫了一桶,劉唐揭起桶蓋,又兜了半瓢喫,故意要他們看著,只是叫人死心塌地。次後吳用去松林裏取出藥來,抖在瓢裏,只做走來饒他酒喫,把瓢去兜時,藥已攪在酒裏,假意兜半瓢喫;那白勝劈手奪來傾在桶裏:這個便是計策。那計較都是吳用主張。這個喚做「智取生辰綱」。

原來楊志喫得酒少,便醒得快;爬將起來,兀自捉腳不住。看那十四個人時,口角流涎,都動不得。楊志憤悶道:「不爭你把了生辰綱去,教俺如何回去見梁中書!這紙領狀須繳不得。」就扯破了。「如今閃得俺有家難奔,

有國難投，待走那裏去？不如就這岡子上尋個死處！」撩衣破步，望著黃泥岡下便跳。正是：斷送落花三月雨，摧殘楊柳九秋霜。畢竟楊志在黃泥岡上尋死，性命如何，且聽下回分解。

第十六回　花和尚單打二龍山　青面獸雙奪寶珠寺

　　話說楊志當時在黃泥岡上被取了生辰綱去，如何回轉去見得梁中書去，欲要就岡子上自尋死路。卻待望黃泥岡下躍身一跳，猛可醒悟，拽住了腳，尋思道：「爹娘生下洒家，堂堂一表，凜凜一軀。自小學成十八般武藝在身，終不成只這般休了？比及今日尋個死處，不如日後等他拿得著時，卻再理會。」回身再看那十四個人時，只是眼睜睜地看著楊志，沒有掙扎得起。楊志指著罵道：「都是你這廝們不聽我言語，因此做將出來，連累了洒家！」樹根頭拿了朴刀，掛了腰刀，週圍看時，別無物件，楊志嘆了口氣，一直下岡子去了。

　　那十四個人直到二更方纔得醒。一個個爬將起來，口裏只叫得連珠箭的苦。老都管道：「你們眾人不聽楊提轄的好言語，今日送了我也！」眾人道：「老爺，今事已做出來了，且通個商量。」老都管道：「你們有甚見識？」眾人道：「是我們不是了。古人有言：『火燒到身，各自去掃；蜂蠆入懷，隨即解衣。』若還楊提轄在這裏，我們

都說不過；如今他自去不得不知去向，我們回去見梁中書相公，何不都推在他身上？只說道：『他一路上凌辱打罵眾人，逼迫得我們都動不得。他和強人做一路，把蒙汗藥將俺們麻翻了，縛了手腳，將金寶都擄去了。』」老都管道：「這話也說得是。我們等天明先去本處官司首告；留下兩個虞候隨衙聽候，捉拿賊人。我等眾人速夜趕回北京，報與本官知道，教動文書，申覆太師得知，著落濟州府追獲這夥強人便了。」次日天曉，老都管自和一行人來濟州府該管官吏首告，不在話下。

※ ※ ※

且說楊志提著朴刀，悶悶不已，離黃泥岡，望南行了半夜，去林子裏歇了；尋思道：「盤纏又沒了，舉眼無相識，卻是怎地好？」漸漸天色明亮，只得趁早涼了行。又走了二十餘里，楊志走得辛苦，到一酒店門前。楊志道：「若不得些酒喫，怎地打熬得過？」便入那酒店去，向這桑木桌凳座頭坐了，身邊倚了朴刀。只見灶邊一個婦人問道：「客官，莫不要打火？」楊志道：「先取兩角酒來喫，借些米來做飯。有肉安排些個。少停一發算錢還你。」只

見那婦人先叫一個後生來面前篩酒，一面做飯，一面炒肉，都把來楊志喫了。楊志起身，綽了朴刀便出店門。那婦人道：「你的酒肉飯錢都不曾有！」楊志道：「待俺回來還你，權賒咱一賒。」說了便走。那篩酒的後生趕將出來揪住楊志，被楊志一拳打翻了。那婦人叫起屈來。楊志只顧走。只聽得背後一個人趕來叫道：「你那廝走那裏去！」楊志回頭看時，那人大脫著膊，拖著桿棒，搶奔將來。楊志道：「這廝卻不是晦氣，倒來尋洒家！」立腳住了不走。看後面時，那篩酒後生也拿條攪叉，隨後趕來；又引著三兩個莊客，各拿桿棒，飛也似都奔將來。楊志道：「結果了這廝一個，那廝們都不敢追來！」便挺著手中朴刀來鬥這漢。這漢也輪轉手中桿棒，搶來相迎。兩個鬥了三二十合，這漢怎地敵得楊志，只辦得架隔遮攔，上下躲閃。那後來的後生並莊客卻待一發上，只見這漢托地跳出圈子外來叫道：「且都不要動手！兀那使朴刀的大漢，你可通個姓名。」那楊志拍著胸，道：「洒家行不更名，坐不改姓，青面獸楊志的便是！」這漢道：「莫不是東京殿司楊制使麼？」楊志道：「你怎地知道洒家是楊制使？」這漢撇了鎗棒便拜，道：「小人『有眼不泰山！』」楊志便扶這人起來，問道：「足下是誰？」這漢道：「小人原是開封府

人氏;乃是八十萬禁軍都教頭林冲的徒弟。姓曹,名正。祖代屠戶出身。小人殺的好牲口:挑筋剮骨,開剝推斬,只此被人喚做『操刀鬼』。為因本處一個財主將五千貫錢教小人來山東做客,不想折了本,回鄉不得,在此入贅在這個莊農人家。卻纔灶邊婦人便是小人的渾家。這個拿攛叉的便是小人的妻舅。卻纔小人和制使交手,見制使手段和小人師父林教師一般,因此抵敵不住。」楊志道:「原來你卻是林教師的徒弟。你的師父被高太尉陷害,落草去了。如今見在梁山泊。」曹正道:「小人也聽得人這般說將來,未知真實。且請制使到家少歇。」楊志便同曹正再回到酒店裏來。曹正請楊志裏面坐下,叫老婆和妻舅都來拜了楊志,一面再置酒食相待。

飲酒中間,曹正動問道:「制使緣何到此?」楊志把做制使失陷花石綱並如今失陷了梁中書的生辰綱一事,從頭備細告訴了。曹正道:「既然如此,制使且在小人家裏住幾時,再有商議。」楊志道:「如此,卻是深感你的厚意。只恐官司追捕將來,不敢久住。」曹正道:「制使這般說時,要投那裏去?」楊志道:「洒家欲投梁山泊去尋你師父林教師。俺先前在那裏經過時,正撞著他下山來與

洒家交手。王倫見了俺兩個本事一般，因此都留在山寨裏相會，以此認得你師父林冲。王倫當初苦苦相留，俺卻不肯落草。如今臉上又添了金印，卻去投奔他時，好沒志氣；因此躊躇未決，進退兩難。」曹正道：「制使見得是，小人也聽得人傳說王倫那廝心地偏窄，安不得人；說我師父林教頭上山時，受盡他的氣。不若小人此間，離不遠卻是青州地面，有座山喚做二龍山，山上有座寺喚做寶珠寺。那座山生來卻好裹著這座寺，只有一條路上得去。如今寺裏住持還了俗，養了頭髮，餘者和尚都隨順了。說道他聚集的四五百人打家劫舍。那人喚做『金眼虎』鄧龍。制使若有心落草時，到去那裏入夥，足可安身。」楊志道：「既有這個去處，何不去奪來安身立命？」當下就曹正家裏住了一宿，借了些盤纏，拿了朴刀，相別曹正，拽開腳步，投二龍山來。

行了一日，看看漸晚，卻早望見一座高山。楊志道：「俺去林子裏且歇一夜，明日卻上山去。」轉入林子裏來，喫了一驚：只見一個胖大和尚，脫得赤條條的，背上刺著花繡，坐在松樹根頭乘涼，那和尚見了楊志，就樹頭綽了禪杖，跳將起來，大喝道：「兀那撮鳥！你是那裏來的！」

楊志聽了道：「原來也是關西和尚。俺和他是鄉中，問他一聲。」楊志叫道：「你是那裏來的僧人？」那和尚也不回說，輪起手中禪杖，只顧打來。楊志道：「怎奈這禿廝無禮！且把他來出口氣！」挺起手中朴刀來奔那和尚。兩個就在林子裏一來一往，一上一下，兩個放對。直鬥到四五十合，不分勝敗。那和尚賣個破綻，托地跳出圈子外來，喝一聲「且歇！」兩個都住了手。楊志暗暗地喝采道：「那裏來的和尚？真個好本事，手段高！俺卻剛剛地只敵得住他！」

那和尚叫道：「兀那青面漢子，你是甚麼人？」楊志道：「洒家是東京制使楊志的便是。」那和尚道：「你不是在東京賣刀殺了破落戶牛二的？」楊志道：「你不見俺臉上金印？」那和尚道：「卻原來在這裏相見！」楊志道：「不敢問，師兄卻是誰？緣何知道洒家賣刀？」那和尚道：「洒家不是別人，俺是延安府老种經略相公帳前軍官魯提轄的便是。為因三拳打死了鎮關西，卻去五臺山淨髮為僧。人見洒家背上有花繡，都叫俺做『花和尚』魯智深。」楊志笑道：「原來是自家鄉里。俺在江湖上多聞師兄大名。聽得說道師兄在大相國寺裏掛搭，如今何故來在這裏？」

魯智深道：「一言難盡！洒家在大相國寺管菜園，遇著那豹子頭林冲被高太尉要陷害他性命。俺卻路見不平，直送他到滄州，救了他一命。不想那兩個防送公人回來對高俅那廝說道：『正要在野豬林裏結果林冲，卻被大相國寺魯智深救了。那和尚直送到滄州，因此害他不得。』這直娘賊恨殺洒家，分付寺裏長老不許俺掛搭；又差人來捉洒家，卻得一夥潑皮通報，不曾著了那廝的了。喫俺一把火燒了那菜園裏廨宇，逃走在江湖上，東又不著，西又不著。來到孟州十字坡過，險些兒被個酒店婦人害了性命，把洒家著蒙汗藥麻翻了；得他的丈夫歸來的早，見了洒家這般模樣，又見了俺的禪杖戒刀喫驚，連忙把解藥救俺醒來，因問起洒家名字，留住俺過了幾日，結義洒家做了弟兄。那人夫妻兩個亦是江湖上好漢有名的：都叫他做『菜園子』張青；甚妻『母夜叉』孫二娘；甚是好義氣。一住四五日，打聽得這裏二龍山寶珠寺可以安身，洒家特地來奔那鄧龍入夥，叵耐那廝不肯安著洒家在這山上。和俺廝併，又敵洒家不過，只把這山下三座關牢牢地拴住，又沒別路上去。那撮鳥由你叫罵，只是不下來廝殺，氣得洒家正苦，在這裏沒個委結。不想卻是大哥來！」

　　楊志大喜。兩個就林子裏翦拂了，就地坐了一夜。楊志訴說賣刀殺死了牛二的事，並解生辰綱失陷一節，都備細說了。又說曹正指點來此一事，便道：「既是閉了關隘，俺們住在這裏，如何得他下來？不若且去曹正家商議。」兩個廝趕著行，離了那林子，來到曹正酒店裏。楊志引魯智深與他相見了。曹正慌忙置酒相待，商量要打二龍出一事。曹正道：「若是端的閉了關時，休說道你二位，便有一萬軍馬，也上去不得！似此，只可智取，不可力求。」魯智深道：「叵耐那撮鳥，初投他時只在關外相見。因不留俺，廝併起來，那廝小肚上被俺一腳點翻了。卻待要結果了他性命，被他那裏人多，救了山上去，閉了這鳥關，由你自在下面罵，只是不肯下來廝殺！」楊志道：「既然好去處，俺和你如何不用心去打！」魯智深道：「便是沒做個道理上去，奈何不得他！」曹正道：「小人有條計策，不知中二位意也不中？」楊志道：「願聞良策則個。」曹正道：「制使也休這般打扮，只照依小人這裏近村莊家穿著。小人把這位師父禪杖戒刀都拿了；卻叫小人的妻弟帶幾個火家，直送到那山下，把一條索子綁了師父，——小人自會做活結頭。卻去山下叫道：『我們近村開酒店莊家。這和尚來我店中喫酒，喫的大醉了，不肯還錢，口裏說道，

去報人來打你山寨；因此，我們聽得，乘他醉了，把他綁縛在這裏，獻與大王。』那廝必然放我們上山去。到得他山寨裏面見鄧龍時，把索子拽脫了活結頭，小人便遞過禪杖與師父。你兩個好漢一發上，那廝走往那裏去！若結果了他時，以下的人不敢不伏。此計若何？」魯智深、楊志齊道：「妙哉！妙哉！」

當晚眾人喫了酒食，又安排了些路上乾糧。次日，五更起來，眾人喫得飽了。魯智深的行李、包裹都寄放在曹正家。當日楊志、魯智深、曹正帶了小舅子並五七個莊家取路投二龍山來。晌午後，直到林子裏脫了衣裳，把魯智深用活結頭使索子綁了，教兩個莊家牢牢地牽著索頭。楊志戴了遮日頭涼笠兒，身穿破布衫，手裏倒提著朴刀；曹正拿著他的禪杖；眾人都提著棍棒在前後簇擁著。到得山下看那關時，都擺著強弩硬弓，灰瓶砲石。小嘍囉在關上看見綁得這個和尚來，飛也似報上山去。

多樣時，只見兩個小頭目上關來問道：「你等何處人？來我這裏做甚麼？那裏捉得這個和尚來？」曹正答道：「小人等是這山下近村莊家，開著一個小酒店。這個胖和

尚不時來我店中喫酒；喫得大醉，不肯還錢，口裏說道：
『要去梁山泊叫千百個人來打此二龍山！和你這近村坊都
洗蕩了！』因此小人只得將好酒請他；灌得醉了，一條索
子綁縛這廝來獻與大王，表我等村鄰孝順之心，免得村中
後患。」兩個小頭目聽了這話，歡天喜地，說道：「好了！
眾人在此少待一時！」兩個小頭目就上山來報知鄧龍，說
拿得那胖和尚來。鄧龍聽了大喜，叫：「解上山來！且取
這廝的心肝來做下酒，消我這點冤讎之恨！」小嘍囉得令，
來把關隘門開了，便叫送上來。楊志、曹正緊押魯智深，
解上山來。看那三座關時，端的嶮峻：兩下高山環繞將來
包住這座寺；山峰生得雄壯，中間只一條路上關來；三重
關上擺著擂木砲石，硬弩強弓，苦竹鎗密密地攢著。過得
三處關閘，來到寶珠寺前看時，三座殿門，一段鏡面也似
平地，週遭都是木柵為城。寺前山門下立著七八個小嘍囉。
看見縛得魯智深來，都指手罵道：「你這禿驢傷了大王，
今日也喫拿了！慢慢的碎割了這廝！」魯智深只不做聲。
押到佛殿看時，殿上都把佛來抬去了；中間放著一把虎皮
交椅；眾多小嘍囉拿著鎗棒立在兩邊。

　　少刻，只見兩個小嘍囉扶出鄧龍來坐在交椅上。曹正、

楊志緊緊地幫著魯智深到階下。鄧龍道：「你那廝禿驢！前日點翻了我，傷了小腹，至今青腫未消，今日也有見我的時節！」魯智深睜圓怪眼，大喝一聲：「撮鳥休走！」兩個莊家把索頭只一拽，拽脫了活結頭，散開索子。魯智深就曹正手裏接過禪杖，雲飛輪動；楊志撇了涼笠兒，倒轉手中朴刀；曹正又輪起桿棒；眾莊家一齊發作，併力向前。鄧龍急待掙扎時，早被魯深智一禪杖當頭打著，把腦蓋劈作兩個半，和交椅都打碎了，手下的小嘍囉早被楊志搠翻了四五個。

曹正叫道：「都來投降！若不從者，便行掃除處死！」寺前寺後五六百小嘍囉並幾個小頭目驚嚇得呆了，只得都來歸降投伏。隨即叫把鄧龍等屍首扛抬去後山燒化了。一面簡點倉廒，整頓房舍，再去看那寺後有多少物件；且把酒肉安排來喫。魯智深並楊志做了山寨之王，置酒設宴慶賀。小嘍囉們盡皆投伏了，仍設小頭目管領。曹正別了二位好漢，領了莊家自回家去了，不在話下。

※※※

　　卻說那押生辰綱老都管並這幾個廂禁軍曉行午住，趕回北京；到得梁中書府，直至廳前，齊齊都拜翻在地下告罪。梁中書道：「你們路上辛苦，多虧了你眾人。」又問：「楊提轄何在？」眾人告道：「不可說！這人是個大膽忘恩的賊！自離了此間五七日後，行得到黃泥岡，天氣大熱，都在林子裏歇涼。不想楊志和七個賊人通同，假裝做販棗子客商。楊志約會與他做一路，先推七輛江州車兒在這黃泥岡上松林裏等候；卻叫一個漢子挑一擔酒來岡子上歇下。小的眾人不合買他酒喫，被那廝把蒙汗藥都麻翻了，又將索子綑縛眾人。楊志和那七個賊人卻把生辰綱財寶並行李盡裝載車上將了去。見今去本管濟州府呈告了，留兩個虞候在那裏隨衙聽候，捉拿賊人。小人等眾人星夜趕回，來告知恩相。」梁中書聽了大驚，罵道：「這賊配軍！你是犯罪的囚徒，我一力抬舉你成人，怎敢做這等不仁忘恩的事！我若拿住他時，碎屍萬段！」隨即便喚書吏寫了文書，當時差人星夜來濟州投下；又寫一封家書，著人也連夜上東京報與太師知道。

　　且不說差人去濟州下公文。只說著人上東京來到太師府報知，見了太師，呈上書札。蔡太師看了大驚道：「這

班賊人甚麼膽大！去年將我女婿送來的禮物打劫去了，至今未獲；今年又來無禮，如何干罷！」隨即押了一紙公文，著一個府幹親自齎了，星夜望濟州來，著落府尹，立等捉拿這夥賊人，便要回報。

且說濟州府尹自從受了北京大名府留守司梁中書札付，每日理論不下。正憂悶間，只見門吏報道：「東京太師府裏差府幹見到廳前，有緊緊公文要見相公。」府尹聽得大驚道：「多管是生辰綱的事！」慌忙陞廳，來與府幹相見了說，道：「這件事下官已受了梁府虞候的狀子，已經差緝捕的人跟捉賊人，未見蹤跡；前日留守司又差人行劄付到來，又經著仰尉司並緝捕觀察，杖限跟捉，未曾得獲。若有些動靜消息，下官親到相府回話。」府幹道：「小人是太師府裏心腹人。今奉太師鈞旨，特差來這裏要這一干人。臨行時，太師親自分付，教小人到本府，只就州衙裏宿歇，立等相公要拿這七個販棗子的並賣酒一人，在逃軍官楊志各賊正身。限在十日捉拿完備，差人解赴東京。若十日不獲得這件公事時，怕不先來請相公去沙門島走一遭。小人也難回太師府裏去，性命亦不知如何。相公一信，請看太師府裏行來的鈞帖。」

　　府尹看罷大驚，隨即便喚緝捕人等。只見階下一人聲喏，立在簾前。太守道：「你是甚人？」那人稟道：「小人是三都緝捕使臣何濤。」太守道：「前日黃泥岡上打劫了去的生辰綱，是你該管麼？」何濤答道：「稟復相公，何濤自從領了這件公事，晝夜無眠，差下本管眼明手快的公人去黃泥岡上往來緝捕；雖是累經杖責，到今未見蹤跡。非是何濤怠慢官府，實出於無奈。」府尹喝道：「胡說！『上不緊，則下慢！』我自進士出身，歷任到這一郡諸侯，非同容易！今日東京太師府差一幹辦來到這裏，領太師臺旨：限十日內須要捕獲各賊正身完備解京。若還違了限次，我非止罷官，必陷我投沙門島走一遭！你是個緝捕使臣，倒不用心，以致禍及於我！先把你這廝迭配遠惡軍州，雁飛不到去處！」便喚過文筆匠來，去何濤臉上刺下「迭配　州」字樣，空著甚處州名，發落道：「何濤！你若獲不得賊人，重罪決不饒恕！」

　　何濤領了臺旨，下廳前來到使臣房裏，會集許多做公的，都到機密房中商議公事。眾做公的都面面相覷，如箭穿雁嘴，鉤搭魚腮，盡無言語。何濤道：「你們閒常時都

在這房裏賺錢使用；如今有此一事難捉，都不做聲。你眾人也可憐我臉上刺的字樣！」眾人道：「上覆觀察，小人們人非草木，豈不省得？只是這一夥做客商的必是他州外府深山曠野強人，遇著，一時劫了他的財寶，自去山寨裏快活，如何拿得著？便是知道，也只看得他一看。」何濤聽了：當初只有五分煩惱；見說了這話，又添了五分煩惱。自離了使臣房裏，上馬回到家中，把馬牽去後槽上拴了；獨自一個，悶悶不已。只見老婆問道：「丈夫，你如何今日這般嘴臉？」何濤道：「你不知：前日太守委我一紙批文，為因黃泥岡上一夥賊人打劫了梁中書與丈人蔡太師慶生辰的金珠寶貝，計十一擔，正不知甚麼樣人打劫了去。我自從領了這道鈞批，到今未曾得獲。今日正去轉限，不想太師府又差幹辦來，立等要拿這一夥賊人解京。太守問我賊人消息，我回覆道：『未見次第，不曾獲得。』府尹將我臉上刺下『迭配　　州』字樣，只不曾填甚去處，在後知我性命如何！」老婆道：「似此怎地好？卻是如何得了！」

正說之間，只見兄弟何清來望哥哥。何濤道：「你來做甚麼？不去賭錢，卻來怎地！」何濤的妻子乖覺，連忙

281

招手，說道：「阿叔，你且來廚下，和你說話。」何清當時跟了嫂嫂進到廚下坐了。嫂嫂安擺些酒肉菜蔬，燙幾杯酒，請何清喫。何清問嫂嫂道：「哥哥忒殺欺負人！我不中也是你一個親兄弟！你便奢遮殺，到底是我親哥哥！便叫我一處喫盞酒，有甚麼辱沒了你？」阿嫂道：「阿叔，你不知道。你哥哥心裏自過活不得哩！」何清道：「哥哥每日起了大錢大物，那裏去了？做兄弟的又不來，有甚麼過活不得處？」阿嫂道：「你不知：為這黃泥岡上前日一夥販棗子的客人打劫了北京梁中書慶賀蔡太師的生辰綱去，如今濟州府尹奉著太師鈞旨，限十日內定要捉拿各賊解京；若還捉不著正身時，便要刺配遠惡軍州去。你不見你哥哥先喫府尹刺了臉上『迭配　　州』字樣，只不曾填甚麼去處；早晚捉不著時，實是受苦！他如何有心和你喫酒？我卻已安排些酒食與你喫。他悶了幾時了，你卻怪他不得。」何清道：「我也誹誹地聽得人說道，有賊打劫了生辰綱去。正在那裏地面上？」阿嫂道：「只聽得說道黃泥岡上。」何清道：「卻是甚麼樣人劫了？」阿嫂道：「阿叔，你又不醉。我方纔說了。是七個販棗子的客人打劫了去。」何清呵呵的大笑道：「原來恁地。既道是販棗子的客人了，卻悶怎地？何不差精細的人去捉？」阿嫂道：「你倒說得

好，便是沒捉處。」何清笑道：「嫂嫂，倒要你憂！哥哥放著常來的一班兒好酒肉弟兄，閒常不睬的是親兄弟！今日纔有事，便叫沒捉處。若是教兄弟閒常捱得幾杯酒喫，今日這夥小賊倒有個商量處！」阿嫂道：「阿叔，你倒敢知得些風路？」何清笑道：「直等親哥臨危之際，兄弟或者有個道理救他。」說了，便起身要去。阿嫂留住再喫兩杯。

那婦人聽了這話說得蹊蹺，慌忙來對丈夫備細說了。何濤連忙叫請兄弟到面前。何濤陪著笑臉，說道：「兄弟，你既知此賊去向，如何不救我？」何清道：「我不知甚麼來歷。我自和嫂子說耍。兄弟何能救得哥哥？」何濤道：「好兄弟，休得要看冷暖。只想我日常的好處，休記我閒時的歹處，救我這條性命！」何清道：「哥哥，你別有許多眼明手快的公人，管下三二百個，何不與哥哥出些氣力？量一個兄弟怎救得哥哥！」何濤道：「兄弟休說他們；你的話眼裏有些門路，休要把與別人做好漢。你且說與我些去向，我自有補報你處。──正教我怎地心寬！」何清道：「有甚去向？兄弟不省的！」何濤道：「你不要嘔我，只看同胞共母之面！」何清道：「不要慌。且待到至急處，

兄弟自來出些氣力拿這夥小賊。」

　　阿嫂便道：「阿叔，胡亂救你哥哥，也是弟兄情分。如今被太師府鈞帖，立等要這一干人，天來大事，你卻說小賊！」何清道：「嫂嫂，你須知我只為賭錢上，喫哥哥多少言語。但是打罵，不敢和他爭涉。閒常有酒有食，只和別人快活，今日兄弟也有用處！」何濤見他話眼有些來歷，慌忙取一個十兩銀子放在桌上，說道：「兄弟，權將這銀子收了。日後捕得賊人時，金銀段疋賞賜，我一力包辦。」何清笑道：「哥哥正是『急來抱佛腳，閒時不燒香！』我若要哥哥銀子時，便是兄弟勒掯哥了。快把去收了，不要將來賺我。哥若如此，便不說。既是哥哥兩口兒我行陪話，我說與哥，不要把銀子出來驚我。」何濤道：「銀兩都是官司信賞出的，如何沒三五百貫錢？兄弟，你休推卻。我且問你：這夥賊卻在那裏有此來歷？」何清拍著大腿道：「這夥賊，我都捉在便袋裏了！」何濤大驚道：「兄弟，你如何說這夥賊在你便袋裏？」何清道：「哥哥你莫管，我自都有在這裏便了。哥只把銀子收了去，不要將來賺我，只要常情便了。」何清不慌不忙，卻說出來。有分教：鄆城縣裏，引出仗義英雄；梁山泊中，聚起擎天

好漢。畢竟何清說出甚人來，且聽下回分解。

第十七回　美髯公智穩插翅虎　宋公明私放晁天王

　　當時何觀察與兄弟何清道：「這錠銀子是官司信賞的，非是我把來賺你，後頭再有重賞。兄弟，你且說這夥人如何在你便袋裏？」只見何清去身邊招文袋內摸出一個經摺兒來，指道：「這夥賊人都在上面。」何濤道：「你且說怎的寫在上面？」

　　何清道：「不瞞哥哥說：兄弟前日為賭博輸了，沒一文盤纏；有一般賭博的引兄弟去北門外十五里，地名安樂村，有個王客店內湊些碎賭。為是官司行下文書來：著落本村，但凡開客店的須要置立文簿一面，上用勘合印信；每夜有客商來歇息，須要問他：『那裏來？何處去？姓甚名誰？做甚買賣？』都要抄寫在簿子上。官司察照時，每月一次去里正處報名。為是小二哥不識字，央我替他抄了半個月。當日是六月初三日，有七個販棗子的客人推著七輛江州車兒來歇。我卻認得一個為頭的客人是鄆城縣東溪村晁保正。因何認得他？我比先曾跟一個賭漢去投奔他，因此我認得。我寫著文簿，問他道：『客人高姓？』只見

一個三髭鬚白淨面皮的搶將過來答應道：『我等姓李。從濠州來販棗子去東京賣。』我雖寫了，有些疑心。第二日，他自去了。店主帶我去村裏相賭，來到一處三叉路口，只見一個漢子挑兩個桶來。我不認得他。店主人自與他廝叫道：『白大郎，那裏去？』那人應道：『有擔醋，將去村裏財主家賣。』店主人和我說道：『這人叫做白日鼠白勝，也是個賭客。』我也只安在心裏。後來聽得沸沸揚揚地說道：『黃泥岡上一夥販棗子的客人把蒙汗藥麻翻了人，劫了生辰綱去。』我猜不是晁保正卻是兀誰？如今只拿了白勝，一問便知端的。這個經摺兒是我抄的副本。」何濤聽了大喜，隨即引了兄弟何清逕到州衙裏見了太守。府尹問道：「那公事有些下落麼？」何濤稟道：「略有些消息了。」

府尹叫進後堂來說，仔細問了來歷。何清一一稟說了。當下便差八個做公的，一同何濤、何清連夜來到安樂村，叫了店主人做眼，逕奔到白勝家裏，卻是三更時分。叫店主人賺開門來打火，只聽得白勝在床上做聲，問他老婆時，卻說道害熱病不曾得汗。從床上拖將起來，見白勝面色紅白，就把索子綁了，喝道：「黃泥岡上做得好事！」白勝

那裏肯認？把那婦人綑了，也不肯招。眾做公的繞屋尋贓。尋到床底下，見地面不平；眾人掘開，不到三尺深，眾多公人發聲喊，白勝面如土色，就地取出一包金銀。隨即把白勝頭臉包了，帶他老婆，扛抬贓物，都連夜趕回濟州城裏來，卻好五更天明時分。把白勝押到廳前，便將索子綑了，問他主情造意。白勝抵賴，死不肯招晁保正等七人。連打三四頓，打得皮開肉綻，鮮血迸流。府尹喝道：「賊首，捕人已知是鄆城縣東溪村晁保正了，你這廝如何賴得過！你快說那六人是誰，便不打你了。」白勝又捱了一歇，打熬不過，只得招道：「為首的是晁保正。他自同六人來糾合白勝與他挑酒，其實不認得那六人。」知府道：「這個不難。只拿住晁保正，那六人便有下落。」先取一面二十斤死囚枷枷了白勝；他的老婆也鎖了押去女牢裏監收。隨即押一紙公文，就差何濤親自帶領二十個眼明手快的公人逕去鄆城縣投下，著落本縣，立等要捉晁保正並不知姓名六個正賊；就帶原解生辰綱的兩個虞候作眼拿人，一同何觀察領了一行人，去時不要大驚小怪，只恐怕走透了消息。星夜來到鄆城縣，先把一行公人並兩個虞候都藏在客店裏，只帶一兩個跟著來下公文，逕奔鄆城縣衙門前來。

　　當下巳牌時分，卻值知縣退了早衙。縣前靜悄悄地。何濤走去縣對門一個茶坊裏坐下喫茶相等，喫了一個泡茶，問茶博士道：「今日如何縣前恁地靜？」茶博士說道：「知縣相公早衙方散，一應公人和告狀的都去喫飯了，未來。」何濤又問道：「今日縣裏不知是那個押司直日？」茶博士指著道：「今日直日的押司來也。」何濤看時，只見縣裏走出一個吏員來。那人姓宋，名江，表字公明，排行第三。祖居鄆城縣宋家村人氏。為他面黑身矮，人都喚他做黑宋江；又且於家大孝，為人仗義疏財，人皆稱他做「孝義黑三郎」。上有父親在堂，母親早喪；下有一個兄弟，喚做「鐵扇子」宋清，自和他父親宋太公在村中務農，守些田園過活。這宋江自在鄆城縣做押司，他刀筆精通，吏道純熟；更兼愛習鎗棒，學得武藝多般。平生只好結識江湖上好漢；但有人來投奔他的，若高若低，無有不納，便留在莊上館穀，終日追陪，並無厭倦；若要起身，盡力資助。端的是揮金似土！人問他求錢物，亦不推托；且好做方便，每每排難解紛，只是周全人性命。時常散施棺材藥餌，濟人貧苦，賙人之急，扶人之困。因此，山東、河北聞名，都稱他做「及時雨」，卻把他比做天上下的及時雨一般，能救萬物。

當時宋江帶著一個伴當走將出縣前來。只見這何觀察當街迎住，叫道：「押司，此間請坐拜茶。」宋江見他似個公人打扮，慌忙答禮道：「尊兄何處？」何濤道：「且請押司到茶坊裏面喫茶說話。」宋公明道：「謹領。」兩個人到茶坊裏坐定。伴當都叫去門前等候。宋江道：「不敢拜問：尊兄高姓？」何濤答道：「小人是濟州府緝捕使臣何濤的便是。不敢動問押司高姓大名？」宋江道：「賤眼不識觀察，少罪。小吏姓宋名江的便是。」何濤倒地便拜，說道：「久聞大名，無緣不曾拜識。」宋江道：「惶恐，觀察請上坐。」何濤道：「小人安敢占上。」宋江道：「觀察是上司衙門的人，又是遠來之客。」兩個謙讓了一回，宋江坐了主位，何濤坐了客席。宋江便道：「茶博士，將兩杯茶來。」沒多時，茶到。兩個喫了茶。

宋江道：「觀察到敝縣，不知上司有何公務？」何濤道：「實不相瞞，來貴縣有幾個要緊的人。」宋江道：「莫非賊情公事否？」何濤道：「有實封公文在此，敢煩押司作成。」宋江道：「觀察是上司差來該管的人，小吏怎敢怠慢。不知是甚麼賊情緊事？」何濤道：「押司是當

案的人，便說也不妨。敝府管下黃泥岡上一夥賊人，共是八個，把蒙汗藥麻翻了北京大名府梁中書差遣送蔡太師的生辰綱軍健一十五人，劫去了十一擔金珠寶貝，計該十萬貫正贓。今捕得從賊一名白勝，指說七個正賊都在貴縣。這是太師府特差一個幹辦，在本府立等要這件公事，望押司早早維持！」宋江道：「休說太師處著落；便是觀察自齎公文來要，敢不捕送。只不知道白勝供指那七人名字？」何濤道：「不瞞押司說，是貴縣東溪村晁保正為首。更有六名從賊，不識姓名，煩乞用心。」

宋江聽罷，喫了一驚，肚裏尋思道：「晁蓋是我心腹弟兄。他如今犯了迷天大罪，我不救他時，捕獲將去，性命便休了。」心內自慌，卻答應道：「晁蓋這廝姦頑役戶，本縣內上下人沒一個不怪他。今番做出來了，好教他受！」何濤道：「相煩押司便行此事。」宋江道：「不妨，這事容易。『甕中捉鱉，手到拿來。』只是一件：這實封公文須是觀察自己當廳投下，本官看了，便可施行發落，差人去捉。小吏如何敢私下擅開？這件公事非是小可，勿當輕洩於人。」何濤道：「押司高見極明，相煩引進。」宋江道：「本官發放一早晨事務，倦怠了少歇。觀察略待一時，

少刻坐廳時，小吏來請。」何濤道：「望押司千萬作成。」宋江道：「理之當然，休這等說話。小吏略到寒舍分撥了些家務便到，觀察少坐一坐。」何濤道：「押司尊便，小弟只在此專等。」

宋江起身，出得閣兒，分付茶博士道：「那官人要再用茶，一發我還茶錢。」離了茶坊，飛也似跑到下處，先分付伴當去叫直司在茶坊門前伺候，「若知縣坐堂時，便可去茶坊裏安撫那公人道：『押司穩便』，叫他略待一待。」卻自槽上鞍了馬，牽出後門外去；袖了鞭子，慌忙的跳上馬，慢慢地離了縣治；出得東門，打上兩鞭，那馬撥喇喇的望東溪村攛將去；沒半個時辰早到晁蓋莊上。莊見客了，入去莊裏報知。

且說晁蓋正和吳用、公孫勝、劉唐在後園葡萄樹下喫酒。此時三阮已得了錢財，自回石碣村去了。晁蓋見莊客報說宋司在門前。晁蓋問道：「有多少人隨從著？」莊客道：「只獨自一個飛馬而來，說快要見保正。」晁蓋道：「必然有事！」慌忙出來迎接。宋江道了一個喏，攜了晁蓋手，便投側邊小房裏來。晁蓋問道：「押司如何來得慌

速？」宋江道：「哥哥不知：兄弟是心腹弟兄，我捨著條性命來救你。如今黃泥岡事發了！白勝已自拿在濟州大牢裏了，供出你等七人。濟州府差一個何緝捕，帶著若干人，奉著太師府鈞帖並本州文書來捉你等七人，道你為首。天幸撞在我手裏！我只推說知縣睡著，且教何觀察在縣對門茶坊裏等我，以此飛馬而來，報道哥哥。『三十六計，走為上計。』若不快走，更待甚麼！我回去引他當廳下了公文，知縣不移時便差人連夜下來。你們不可耽擱。倘有些疏失，如之奈何？休怨小弟不來救你！」晁蓋聽罷，喫了一驚，道：「賢弟，大恩難報！」宋江道：「哥哥，你休要多話，只顧安排走路，不要纏障。我便回去也。」晁蓋道：「七個人：三個是阮小二、阮小五、阮小七，已得了財，自回石碣村去了；後面有三個在這裏，賢弟且見他一面。」宋江來到後園，晁蓋指著道：「這三位：一個吳學究；一個公孫勝，薊州來的；一個劉唐，東潞州人。」宋江略講一禮，回身便走，囑付道：「哥哥保重！作急快走！兄弟去也！」宋江出到莊前上了馬，打上兩鞭，飛也似望縣裏來了。

且說晁蓋與吳用、公孫勝、劉唐三人道：「你們認得

那來相見的這個人麼？」吳用道：「卻怎地慌慌忙忙便去了？正是誰人？」晁蓋道：「你三位還不知哩！我們不是他來時，性命只在咫尺休了！」三人大驚道：「莫不走了消息，這件事發了？」晁蓋道：「虧殺這個兄弟，擔著血海似干係來報與我們！原來白勝已捉在濟州大牢裏了，供出我等七人。本州差個緝捕何觀察將帶若干人，奉著太師鈞帖來，著落鄆城縣立等要拿我們七個。虧了他穩住那公人在茶坊裏俟候，他飛馬先來報知我們。如今回去下了公文，少刻便差人連夜到來捕獲我們。卻是怎地好？」吳用道：「若非此人來報，都打在網裏！這大恩人姓甚名誰？」晁蓋道：「他便是本縣押司，『呼保義』宋江的便是。」吳用道：「只聞宋押司大名，小生卻不曾得會。雖是住居咫尺，無緣雖得見面。」公孫勝、劉唐都道：「莫不是江湖上傳說的及時雨宋公明？」晁蓋點頭道：「正是此人。他和我心腹相交，結義兄弟。吳先生不曾得會？四海之內，名不虛傳！結義得這個兄弟也不枉了！」

晁蓋問吳用道：「我們事在危急，卻是怎地解救？」吳學究道：「兄長，不須商議。『三十六計，走為上計。』」晁蓋道：「卻纔宋押司也教我們『走為上計』。

卻是走那裏去好？」吳用道：「我已尋思在肚裏了。如今我們收拾五七擔挑了，一齊都奔石碣村三阮家裏去。今急遣一人先與他弟兄說知。」晁蓋道：「三阮是個打魚人家，如何安得我等許多人？」吳用道：「兄長，你好不精細！石碣村那裏一步步近去便是梁山泊。如今山寨裏好生興旺，官軍捕盜，不敢正眼兒看他。若是趕得緊，我們一發入了夥！」晁蓋道：「這一論極是上策！只恐怕他們不肯收留我們。」吳用道：「我等有的是金銀，送獻些與他，便入夥了。」晁蓋道：「既然恁地商量定了，事不宜遲！吳先生，你便和劉唐帶了幾個莊客，挑擔先去阮家安頓了，卻來旱路上接我們。我和公孫先生兩個打併了便來。」吳用、劉唐把那生辰綱打劫得金珠寶貝做五六擔裝了，叫五六個莊客一發喫了酒食。吳用袖了銅鍊，劉唐提了朴刀，監押著五七擔，一行十數人，投石碣村來。晁蓋和公孫勝在莊上收拾；有些不肯去的莊客，齎發他些錢物，從他去投別主；願去的，都在莊上併疊財物，打拴行李，不在話下。

※※※

再說宋江飛馬去到下處，連忙到茶坊裏來。只見何觀

察正在門前望。宋江道：「觀察久等。卻被村裏有個親戚，在下處說些家務，因此耽擱了些。」何濤道：「有煩押司引進。」宋江道：「請觀察到縣裏。」兩個入得衙門來，正值知縣時文彬在廳上發落事務。宋江將著實封公文，引著何觀察，直至書案邊，叫左右掛上迴避牌；向前稟道：「奉濟州府公文，為賊情緊急公務，特差緝捕使臣何觀察到此下文書。」知縣接著，拆開就當廳看了，大驚，對宋江道：「這是太師府差幹辦來立等要回話的勾當！這一干賊便可差人去捉！」宋江道：「日間去，只怕走了消息，只可差人就夜去捉。拏得晁保正來，那六人便有下落。」時知縣道：「這東溪村晁保正，聞名是個好漢，他如何肯做這等勾當？」隨即叫喚尉司並兩都頭：一個姓朱，名仝；一個姓雷，名橫。他兩個非是等閒人也！

當下朱仝、雷橫兩個來到後堂，領了知縣言話，和縣尉上了馬，逕到尉司，點起馬步弓手並士兵一百餘人，就同何觀察並兩個虞候作眼拿人。當晚都帶繩索軍器，縣尉騎著馬，兩個都頭亦各乘馬，各帶了腰刀、弓箭，手擎朴刀，前後馬步弓手簇擁著，出得東門，飛奔東溪村晁家來。到得東溪村裏，已是一更天氣，都到一個觀音菴取齊。朱

仝道：「前面便是晁家莊。晁蓋家前後有兩條路，若是一齊去打他前門，他望後門走了；一齊鬧去打他後門，他奔前門走了。我須知晁蓋好生了得；又不知那六個是甚麼人，必須也不是善良君子。那廝們都是死命，倘或一齊殺出來，又有莊客協助，卻如何抵敵他？只好聲東擊西，等那廝們亂攛，便好下手。不若我和雷都頭分做兩路：我與他分一半人，都是步行去，先望他後門埋伏了；等候呼哨響為號，你等向前門打入來，見一個捉一個，見兩個捉一雙！」雷橫道：「也說得是。朱都頭，你和縣尉相公從前門打入來。我去截住後門。」朱仝道：「賢弟，你不省得：晁蓋莊上有三條活路，我閒常時都看在眼裏了；我去那裏，須認得他的路數，不用火把便見。你還不知他出沒的去處，倘若走漏了事情，不是要處。」縣尉道：「朱都頭說得是，你帶一半人去。」朱仝道：「只消得三十來個夠了。」朱仝領了十個弓手，二十個士兵，先去了。縣尉再上了馬。雷橫把馬步弓手都擺在前後，幫護著縣尉；士兵等都在馬前，明晃晃照著三二十個火把，擎著攛叉、朴刀、留客住、鉤鐮刀，一齊都奔晁家莊來。到得莊前，兀自有半里多路，只見晁蓋莊裏一縷火起，從中堂燒將起來，湧得黑煙遍地，紅焰飛空。又走不到十數步，只見前後四面八方，約有三

四十把火發，焰騰騰地一齊都著。前面雷橫挺著朴刀，背後眾士兵發著喊，一齊把莊門打開，都撲入裏面；看時，火光照得如同白日一般明亮，並不曾見有一個人；只聽得後面發著喊，叫將起來，叫前面捉人。原來朱仝有心要放晁蓋，故意賺雷橫去打前門。這雷橫亦有心要救晁蓋，以此爭先要來打後門；卻被朱仝說開了，只得去打他前門。故意這等大驚小怪，聲東擊西，要催逼晁蓋走了。

朱仝那時到莊後時，兀自晁蓋收拾未了。莊客看見，來報與晁蓋說道：「官軍到了！事不宜遲！」晁蓋叫莊客四下裏只顧放火，他和公孫勝引了十數個去的莊客，吶著喊，挺起朴刀，從後門殺將出去，大喝道：「當吾者死！避吾者生！」朱仝在黑影裏叫說：「保正休走！朱仝在這裏等你多時。」晁蓋那裏顧他說，同公孫勝捨命只顧殺出來。朱仝虛閃一閃，放開條路讓晁蓋走。晁蓋卻叫公孫勝引了莊客先走，他獨自押著後。朱仝使步弓手從後門撲入去，叫道：「前面趕捉賊人！」雷橫聽得，轉身便出莊門外，叫馬步弓手分投去趕。雷橫自在火光之下，東觀西望，做尋人。朱仝了撇了士兵，挺著刀去趕晁蓋。晁蓋一面走，口裏說道：「朱都頭，你只管追我做甚麼？我須沒歹處！」

朱仝見後面沒人，方纔敢說道：「保正，你兀自不見我好處。我怕雷橫執迷，不會做人情，被我賺他打你前門，我在後門等你出來放你。你見我閃開條路讓你過走？你不可投別處去，只除梁山泊可以安身。」晁蓋道：「深感救命之恩，異日必報！」

朱仝正趕間，只聽得背後雷橫大叫道：「休教走了人！」朱仝分付晁蓋道：「保正，你休慌，只顧一面走，我自使轉他去。」朱仝回頭叫道：「三個賊望東小路去了！雷都頭，你可急趕！」雷橫領了人，便投東小路上，並士兵眾人趕去。朱仝一面和晁蓋說著話，一面趕他，卻如防送的相似。漸漸黑影裏不見了晁蓋，朱仝只做失腳，撲地倒在地下。眾士兵隨後趕來，向前扶起。朱仝道：「黑影裏不見路徑，失腳走下野田裏，滑倒了，閃挫了左腳。」縣尉道：「走了正賊，怎生奈何！」朱仝道：「非是小人不趕，其實月黑了，沒做道理處。這些士兵全無幾個有用的人，不敢向前！」縣尉再叫士兵去趕。眾士兵心裏道：「兩個都頭尚兀自不濟事，近他不得，我們有何用！」都去虛趕了一回，轉來道：「黑地裏正不知那條路去了。」雷橫也趕了一直回來，心內尋思道：「朱仝和晁蓋最好，

多敢是放了他去。我沒來由做甚麼惡人？我也有心要放他；
今已去了，只是不見了人情！」回來說道：「那裏趕得上！
這夥賊端的了得！」

縣尉和兩個都頭回到莊前時，已是四更時分。何觀察
見眾人四分五落，趕了一夜，不曾拏得一個賊人，只叫苦
道：「如何回得濟州去見府尹！」縣尉只得捉了幾家鄰舍
去，解將鄆城縣裏來。

這時知縣一夜不曾得睡，立等回報；聽得道：「賊都
走了，只拏得幾家鄰舍。」知縣把一干拏到的鄰舍當廳勘
問。眾鄰舍告道：「小人等雖在晁保正鄰近居住，遠者三
二里田地，近者也隔著些村坊。他莊上時常有搠鎗使棒的
人來，如何知他做這般的事？」知縣逐一問了時，務要問
他們一個下落。數內一個貼鄰告道：「若要知他端的，除
非問他莊客。」知縣道：「說他家莊客也都跟著走了。」
鄰舍告道：「也有不願去的，還在這裏。」知縣聽了，火
速差人，就帶了這個貼鄰做眼，來東溪村捉人。無兩個時
辰，早拿到兩個莊客。當廳勘問時，那莊客初時抵賴，喫
打不過，只得招道：「先是六個人商議。小人只認得一個

是本鄉中教學的先生，叫吳學究；一個叫做公孫勝，是全真先生；又有一個黑大漢，姓劉。更有那三個，小人不認得，卻是吳學究合將來的。聽得說道：『他姓阮，在石碣村住。他是打魚的，弟兄三個。』只此是實。」知縣取了一紙招狀，把兩個莊客交與何觀察，回了一道備細公文申呈本府。宋江自周全那一干鄰舍，保放回家聽候。

　　且說這眾人與何濤押解了兩個莊客連夜回到濟州，正直府尹陞廳。何濤引了眾人到廳前，稟說晁蓋燒莊在逃一事，再把莊客口詞說一遍。府尹道：「既是恁地說時，再拿出白勝來！」問道：「那三個姓阮的端的住在那裏？」白勝抵賴不過，只得供說：「三個姓阮的——一個叫做立地太歲阮小二，一個叫做短命二郎阮小五，一個是活閻羅阮小七。——都在石碣村湖裏住。」知府道：「還有那三個姓甚麼？」白勝告道：「一個是智多星吳用，一個是入雲龍公孫勝，一個叫做赤髮鬼劉唐。」知府聽了，便道：「既有下落，且把白勝依原監了，收在牢裏。」隨即又喚何觀察，差去石碣村，「只拿了姓阮三個便有頭腦。」

　　不是此一去，有分教：天罡地煞，來尋際會風雲；水

浒山城，去聚縱橫人馬。畢竟何觀察怎生差去石碣村緝捕，

且聽下回分解。

书名：水滸傳 卷一

ISBN：978-1548906481

作者：施耐庵

封面设计：C.S. Creative Design

出版日期：2017 / 04 / 01

建议售价：US$ 17.99 / CDN$ 19.71

出版：C.S. Publish

www.ingramcontent.com/pod-product-compliance
Lightning Source LLC
Chambersburg PA
CBHW030421290526
45786CB00001B/73